말씀이 삶으로

말씀이 삶으로

세상을 살아가다 보면 크고 작은 선택의 순간들이 찾아옵니다. 어떤 선택은 우리의 삶을 크게 바꾸는 갈림길이 되기도 하고, 어떤 선택은 당장은 작아 보이지만 점차 우리의 방향을 정하는 중요한 이정표가 됩니다. 이러한 선택의 순간들 속에서 우리는 무엇을 기준으로 판단하고 결정해야 할까요?

세상의 기준일까요? 아니면 자신의 감정과 욕망일까요? 그리스도인으로서 우리의 기준은 하나님의 말씀인 성경이어야 합니다.

이 책, "말씀이 삶으로"는 이러한 질문에서 시작되었습니다. 예수님을 믿는 우리가 세상을 살아가면서 세상이라는 광야 속에서 어떻게 주님의 시선으로 살아갈 수 있을지를 고민하며 쓴 글들의 모음입니다. 약 2년간 연재되었던 글들을 하나로 엮으며, 저 또한 성경적 세계관을 따라 살고 있는지, 나의 삶의 방향은 하나님의 뜻과 일치하고 있는지 점검하는 시간을 가질 수 있었습니다.

예수님은 이 땅에서 우리에게 참된 모범이 되어 주셨습니다. 그분은 정직과 공의를 행하셨고, 세상의 유혹에 흔들리지 않으셨으며, 언제나 하나님의 뜻을 따라 사셨습니다. 그리고 무엇보다도, 예수님은 언제나 사랑의 시선으로 세상을 바라보셨습니다. 그분의 시선에는 차별이나 편견이 없었고, 오직 하나님의 공의와 자비만이 있었습니다. 그런 예수님의 삶과 가르침은 오늘날 우리가 본받아야 할 가장 완전한 본보기입니다.

하지만 우리는 연약한 존재이기에 때로는 세상의 유혹에 흔들리고, 진리에서 멀어질 때가 있습니다. 그렇기 때문에 더욱더 성경적 세계관을 정립하고, 이를 통해 우리의 삶을 견고히 세워야 합니다. 성경적 세계관은 단순히 신앙적인 틀에 갇히는 것이 아니라 우리의 생각과 행동, 그리고 선택의 모든 순간에 영향을 미치는 삶의 근본적인 태도입니다. 이는 우리가 세상 속에서 빛과 소금으로 살아가게 하는 기준이자, 하나님께 영광을 돌리는 삶을 살게 하는 나침반과도 같습니다.

이 책을 통해 여러분이 우리의 주인되시는 주님의 시선으로 세상을 바라보는 법을 배우고, 하나님의 말씀을 삶의 중심에 두는 기쁨을 누리시기를 소망합니다. 또한, 세상 속에서 흔들리지 않는 믿음의 뿌리를 내리고, 정직과 공의를 행하며 살아가기 위해 노력하는 데에 이 책이 작은 도움이 되기를 바랍니다.

햇살콩 김나단 선교사의 세밀한 손길이 이 책이 나오기까지 큰 역할을 해 주셨고, 김연선 선교사께서 정성껏 그려주신 따뜻한 그림들이 이 책의 가치를 더욱 빛나게 해 주셨기에 깊은 감사를 드립니다. 또한 반은혜 사모의 실질적인 조언과 격려가 큰 힘이 되어 주었습니다. 글과 그림, 그리고 사랑의 마음이 어우러져 이 책을 통해 여러분의 영혼에 하나님의 사랑과 진리가 깊이 새겨지기를 소망합니다.

마지막으로, 이 책을 집필하며 다시 한번 깨달은 것이 있습니다. 우리가 성경적 세계관을 따라 살아가는 것은 결코 쉬운 일이 아닙니다. 그러나 그 길 끝에는 반드시 하나님의 풍성한 은혜와 사랑이 기다리고 있다는 사실입니다. 그러므로 우리의 시선을 우리의 주인되신 주님께 고정하고, 날마다 그분의 말씀에 귀 기울이며, 담대히 걸어가기를 소망합니다.

이 책이 그러한 여정에 있어 여러분의 동행자가 되기를 간절히 기도합니다.

주님의 시선을 함께 나누며,

이동수 드림

목차

PART 2
주님의 시선으로 세상을 보다
예수님의 시선을 배우면, 세상을 바라보는 눈이 달라진다

PART 3

말씀으로 삶을 세우는 연습
감정보다 말씀이 앞서야 할 때

PART 4

흔들릴때 다시 돌아갈 말씀
하나님의 말씀은 흔들리지 않는 진리

PART 5
삶이 메시지가 되도록
말씀으로 삶을 살아내다

PART 1

말씀, 삶의 기준이 되다

선택의 순간, 기준은 무엇인가

1
죽음은 끝이 아닌 새로운 시작이다.

죽으면 끝인가? 신앙에 대한 여러 가지 질문 중 가장 많이 듣는 질문 중 하나가 죽음에 관해서입니다. 죽으면 다 끝나는 것 아닌가? 이 질문에 성경적 관점으로 단호하게 대답할 수 있습니다.

죽음은 끝이 아닌 새로운 시작이라고.

죽음이란 하나의 문에 불과하며 그 이후에는 또 다른 세상이 우리를 기다리고 있습니다. 쉽게 이해할 수 있도록 모태와 이생에 대한 예를 들어봅니다. 엄마 뱃속에 있는 아이가 또 다른 세상이 있다는 것을 알고 있을까요? 그저 엄마가 제공하는 영양을 섭취하며 지낼 것입니다. 그러나 정한 날짜가 되면 나오기 싫어도 태아는 새로운 세상을 맞이해야 합니다.

이처럼 우리도 이 세상이 전부인 줄 알지만 죽음의 문을 넘으면 또 다른 세상이 우리를 기다리고 있다는 것입니다. 엄마 뱃속에 있는 날 수의 100배 이상의 세상이 태아를 기다리듯 우리가 살았던 생애보다 훨씬 많은 날들이eternal life 우리를 기다리고 있습니다.

사람들은 이 세상이 전부라 생각하고 내가 누릴 수 있는 모든 것을 누리고자 욕심을 내며 살아가기도 하지만 그 욕심을 채우고 가는 사람은 아무도 없습니다. 도저히 감당할 수 없는 일이 닥칠 때, 더 이상 탈출구가 없다고 느낄 때 모든 것을 끝내자는 마음으로 사람들은 자살을 많이 생각합니다. 문제는 그게 끝이 아니라는 것입니다. 죽음은 끝이 아닌 새로운 시작입니다.

하나님은 감사하게도 우리 인간의 시작과 끝이 무엇이며 그 이후에는 무엇이 우리를 기다리고 있는가를 안내해 주셨습니다.

성경에 보면, 죽음 이후에는 심판이 있고 우리가 이 땅에서 어떻게 살았는지를 통해서 천국행과 지옥행이 결정된다고 말하고 있습니다.

"한번 죽는 것은 사람에게 정해진 것이요
그 후에는 심판이 있으리니." (히브리서 9장 27절)

안타깝게도 이 세상에는 죄 없는 사람이 아무도 없습니다.

"기록된 바 의인은 없나니 하나도 없으며." (로마서 3:10)

그렇다면 우리는 모두 지옥행이 이미 결정된 것입니다.

이를 불쌍히 여기시고 하나님은 수천 년 동안 인간구원 프로젝트를 가동 시키셨고, 결국 세상의 중심이 여러 번 변한 후에 예수 그리스도를 이 땅에 보내시어 누구든 예수를 믿기만 하면 구원을 얻을 수 있도록 길을 여셨습니다.

"하나님이 세상을 이처럼 사랑하사
독생자를 주셨으니 이는 그를 믿는 자마다
멸망하지 않고 영생을 얻게 하려 하심이라." (요한복음 3:16)

비록 우리가 죄인이지만 내 죄를 대신해서 고난받으시고 십자가에 죽으신 예수님을 믿으면 예수님의 보혈로 사함받은 우리는 죄 없는 몸으로 심판이 아닌 천국에 이르는 것입니다.

죽음 이후를 알고 죽음을 맞이하는 것과 죽음 이후에 대한 무지 가운데 죽음을 맞이하는 것은 천지 차이입니다.

우리가 삶의 기준을 성경에 둬야 하는 이유는 성경의 저자인 하나님은 창조주이시며 모든 것을 다 아시는 분이기 때문이다.

성경은 말하고 있습니다.

죽으면 모든 것이 끝이 아닌 새로운 시작이라고.

2
구원은 딱 하나의 길 밖에 없습니다.

예수를 믿기만 하면 구원을 받는가? 저는 이 질문을 약간 수정하여 답변을 쓰고자 합니다. 예수를 마음으로 믿어 입으로 시인하면 모두 구원을 받는가? 이 질문에는 자신있게 "예"라고 답할 수 있습니다.

같은 말 같은데 굳이 '마음으로 믿어 입으로 시인한다'는 말을 추가한 까닭은 모든 사람들이 가지고 있는 종교성과 구분하기 위해서입니다. 하나님께 피조된 인간은 자연스럽게 조물주를 찾고자 하는 갈망이 있습니다. 아마도 본성일 것입니다.

이 갈망은 종교성으로 변화되어 각기 나름대로의 신을 찾습니다. 그 중의 하나가 기독교인 경우가 있습니다. 그러나 예수가 나의 구세주라는 것을 부인할 수 없도록 내 마음에 자리했다면 성령께서 이미 그 사람에게 찾아오신 것입니다. 우리가 구원받는 것은 단순한 원리입니다.

나는 부인할 수 없는 죄인이고 죄의 값으로 죽습니다. 속상하지만 죽음 뒤에 있는 심판은 내 죄를 묻게 됩니다. 그리고 죄인된 나는 죄 없으신 하나님과 함께 살 수 없다는 사실 속에 지옥으로 인도되는 것입니다. 내가 하나님이 계신 천국에 가려면 나도 죄가 없어야 합니다.

인간을 사랑하신 하나님은 예수님과 성령님과 합력하여 이 문제를 해결하셨습니다. 예수님은 십자가의 길이 고통스럽다는 것을 아셨지만 우리의 죄를 해결할 유일한 방법이기에 감당하신 것입니다. 그리고 임종 전 십자가 상에서 외치셨습니다.

"다 이루었다"(요한복음 19:30)

결국 예수님을 통해서만 하나님께로 갈 수 있는 유일한 길을 만드셨습니다.

> "그 아들 예수의 피가 우리를
> 모든 죄에서 깨끗하게 하실 것이요" (요한일서 1:7)

우리가 예수를 믿고 하나님 앞에 섰을 때에 예수로 인해 이미 깨끗한 몸으로 서게 되고 하나님과 함께 천국에 거하게 되는 것입니다. 이 외에 다른 길은 없습니다. 있다고 주장하면 하나님의 불변의 법칙을 우습게 여기는 망령된 말이 됩니다.

어떤 분은 구원을 얘기할 때 산을 빗대어 말했습니다. 산 정상에 오르는 길은 여러 갈래가 있지만 결국 정상에 오르듯 구원은 여러 갈래 길이 있고 다양한 종교가 있는데 결국 모두 구원에 이른다고. 100% 틀린 말입니다.

구원의 길은 여러 갈래 길이 아닌 오직 하나의 길밖에 없습니다. "예수 그리스도" 그분만이 우리의 죄를 위해 대신 죽으시고 죄 없는 하나님께 갈 수 있는 길을 만드신 분이기 때문입니다.

"예수께서 이르시되 내가 곧 길이요 진리요 생명이니
나로 말미암지 않고는 아버지께로 올 자가 없느니라" (요한복
음 14:6)

질문을 다시 바꿔서 해봅니다. 세상에 수많은 종교가 있는
데 예수 외에는 정말 구원이 없는가? 성경은 답합니다.

"다른 이로써는 구원을 받을 수 없나니
천하 사람 중에 구원을 받을 만한 다른 이름을
우리에게 주신 일이 없음이라 하였더라" (사도행전 4:12)

3
어느 길을 선택해야 할지 모르겠어요.

어느 길을 선택해야 할지 모르겠어요. 많은 분들이 기로에 서서 고민할 때가 있습니다. 이 길일까, 저 길일까? 어느 길로 가는 것이 하나님의 뜻일까요? 이럴 때는 먼저 진솔한 마음으로 자신에게 질문해 보아야 합니다.

어느 길을 하나님은 더 기뻐하실까?

하나님을 믿는 양심의 소리를 가지고 질문하면 바로 답이 나옵니다. 아니 답을 알게 됩니다. 아는데 손해보기 싫어서 갈등하거나 하나님과 적당한 타협(?)을 위해 고민하는 것입니다.

우리가 말씀에 바로 서 있다면 쉽게 얻을 수 있는 답입니다.

그런데 둘 다 하나님이 기뻐하실 일인 경우가 있습니다. 이런 고민을 가지고 내게 물어오면 나는 이렇게 대답합니다. 두길 다 하나님을 기쁘시게 하는 길이라면 고민하지 말고 어느 길이든 가라고.

우리가 믿는 하나님은 완전하신 분입니다. 반면 우리는 유한한 존재이며 연약한 존재입니다. 아킬레스건(약점)을 하나 이상씩 가지고 있습니다. 게다가 죄인입니다. 이런 우리가 고민하고 결정했다고 그 길이 다 맞을까요? 기도했으니 이 길은 맞고 저 길은 틀린 걸까요? 그렇지 않습니다.

두 길 다 하나님을 기쁘시게 하는 길이라면 어느 길을 가더라도 하나님은 그와 함께 하십니다. 필요한 것은 우리의 Action입니다. 고민 할 시간에 하나의 길을 선택하여 가는 것이 필요합니다.

설령 내가 선택한 길이 아닌 다른 길일지라도, 나와 함께하시는 하나님께서 자연스럽게 더 좋은 길로 인도하십니다. 중요한 것은 지금 내가 하나님과 동행하고 있느냐는 것입니다. 하나님은 내가 다른 길을 걸었던 삶도 버리지 않으시고 아름답게 사용하시는 분이십니다.

"우리가 알거니와 하나님을 사랑하는 자
곧 그의 뜻대로 부르심을 입은 자들에게는
모든 것이 합력하여 선을 이루느니라" (로마서 8:28)

삶의 기로에서 시간 낭비하지 맙시다. 우선, 하나님을 사랑하는 사람으로 어느 길을 하나님이 기뻐하실까를 생각합니다. 둘 다 옳은 길이라면 주저없이 선택하여 가야합니다. 하나님이 아름답게 다듬으시면서 더 좋은 것으로 내게 주실 것이 틀림없기 때문입니다. 기로에서 갈등하며 보내는 시간이 나를 게으름으로 인도할 수 있음을 인지해야 합니다.

"사람이 마음으로 자기의 길을 계획할지라도
그의 걸음을 인도하시는 이는 여호와시니라." (잠언 16:9)

4
끝없는 고난

'고난의 끝이 안보여… 힘들때 기도하라고 배웠는데 더 힘들어졌어요. 내게 고난이 끝없이 몰려오는데 하나님은 왜 침묵하시나요?'

나이가 많든 적든 고난은 한번 이상 경험하게 됩니다. 누구나 싫어하지만 누구나 비껴가지 못합니다. 어떻게 하면 고난을 이겨낼 수 있을까 공부하지만 고난은 우리에게 또 찾아옵니다.

내가 잘못해서 오는 고난은 자신을 반성하며 감내할 수 있지만 불가항력 적으로 오는 고난은 감당하기가 버거울 수 있습니다. 이러한 고난의 원인을 성경에서 찾을 때 우리는 해결의 실마리를 얻을 수 있습니다.

우리가 예수를 믿었을 때 하나님의 자녀(요 1:12)라는 특권이 생겼습니다. 반면 사탄은 이미 유황불 못에 들어가는 심판(계 20:10)이 내려진 자들입니다. 사탄이 하나님께 복수할 수 있는 가장 좋은 방법은 예수를 믿고 자녀된 그리스도인들을 하나님의 품에서 떠나게 하는 것입니다.

독생자 예수까지 희생시키며 구원을 베푸셨는데 구원받은 이들이 하나님의 품에 안기지 못하게 된다면 정말로 하나님의 마음이 아프실 것입니다. 욥기 1~2장을 읽어보면 이러한 사탄의 전략을 확인할 수 있습니다. 사탄은 사람이 겪을 수 있는 최악의 상태를 욥에게 부여합니다. 모든 재산과 자식을 앗아가도 안되니 그의 몸마저 깨진 사기에 의존케 만들어 버렸습니다. 그럼에도 욥은 이렇게 고백합니다.

"이 모든 일에 욥이 입술로
범죄하지 아니하니라" (욥 2:10하)

"나는 나의 모든 고난의 날 동안을
참으면서 풀려나기를 기다리겠나이다" (욥 14:14하)

이제 우리는 이유 없는 고난의 원인이 세상의 공중권세 잡은 자의 소행임을 알았습니다. 그렇다면 하나님의 자녀인 우리가 이 땅에서 받는 고난은 지극히 당연한 것입니다. 오히려 고난이 너무 없다면 내 삶을 돌아봐야 합니다.

고난이 올 때마다 내가
천국 백성(의인)임을 고백하며 감사하십시오.

"의인은 고난이 많으나
여호와께서 그의 모든 고난에서 건지시는도다" (시편 34:19)

하나님은 우리가 당한 고난의 경험까지도 아름답게 사용하시는 분이십니다. 힘들더라도 나를 도우시는 성령님을 붙잡고 장차 얻을 영광을 생각하며 포기하지만 않으시면 됩니다.

"생각하건대 현재의 고난은 장차
우리에게 나타날 영광과 비교할 수 없도다" (로마서 8:18)

5
율법은 어디까지 지켜야 하는가?

먼저 율법이란 단어가 나오면 왠지 고리타분할 것 같습니다.

그러나 신앙생활 하다 보면 한 번쯤 고민하게 되는 문제입니다. 십계명, 주일성수, 각종 규정들, 무시하자니 성경 말씀이고 지키자니 불가능합니다. 도대체 율법은 어디까지 지켜야 하는가?

이 문제를 해결하지 못해 오랫동안 고민했었습니다. 답을 얻기 위해 질문도 많은 분들에게 던져 봤고 책도 열심히 뒤져 보았지만 해갈되지 않았습니다. 그러다가 로마서를 배우는 중에 해답을 찾을 수 있었습니다.

"사랑은 율법의 완성이니라" (로마서 13:10)

"유레카"를 외치고 싶었습니다. 율법을 요약하면, "하나님 사랑, 이웃 사랑"(마 22:37-40)입니다. 하나님을 한마디로 표현한다면 "사랑"이십니다.(요일 4:8) 이 세상 그 어느 것도 사랑 없으면 아무것도 아닙니다.(고전 13:1~3)

예수님은 율법을 폐하러 오신 것이 아니라 완성하러 오셨습니다.(마 5:17) 예수님은 율법을 사랑으로 완성하셨습니다. 예수님 덕분에 우리는 하나님과 사랑으로 묶여있습니다.

연애할 때 사랑하는 사람을 기쁘게 할 수 있다면 뭐든 다 하려고 합니다. 이처럼 하나님의 말씀을 대할 때 내가 하나님을 사랑하는 사람으로서 어떻게 해야 할까요? 질문 해보면 답이 나옵니다.

죄로 인해 죽을 수 밖에 없는 우리를 십자가로 구원 얻을 수 있는 길을 여시고, 하나님을 "아빠"라 부를 수 있는 자녀로 삼아주셨습니다. 하나님은 이처럼 어마 무시한 사랑을 우리에게 쏟아부으셨습니다. 이 사랑을 받은 우리는 하나님의 말씀을 얼마나 사랑하고 있습니까?

받은 사랑에 감사하여 눈물을 흘린다면 하나님의 말씀(율법)을 사랑의 마음으로 바라봐야 합니다. 율법은 억지와 의무가 아닌, 사랑으로 이루어져야 합니다!

다윗이 진설병을 먹은 것은 율법을 어긴 것이 되지만 예수님은 바리새인들의 안식일 개념을 반박할 때 다윗의 이 사건을 사용하셨습니다.(마 12:3~8)

하나님의 사랑을 받은 우리가 하나님을 사랑한다면 더 이상 율법을 지키냐 마느냐의 관계가 아닌, 내가 하나님을 사랑하는 사람으로서 어떻게 행동할 것인가를 생각할 수 있습니다.

"우리가 하나님을 사랑하고
그의 계명들을 지킬 때에 이로써 우리가
하나님의 자녀를 사랑하는 줄을 아느니라" (요한일서 5:2)

6
하나님의 뜻을 알고싶어요

우리는 종종 내가 하나님의 뜻에 부합한 삶을 살고 있는지 궁금해 할 때가 있습니다. 그래서 하나님의 뜻이 과연 무엇인지 알고 싶어합니다.

하나님의 뜻을 찾는 방법에는 여러가지가 있습니다.

기도 가운데 소원이 일어나는 것으로, 기도 가운데 주님의 음성을 듣기도, 주권적으로 인도하시는 주님의 손길로, 주변 환경의 변화를 관찰함으로 주님의 뜻을 구하기도 합니다.

하지만 나는 하나님의 뜻을 앎에 있어서 주관적인 방법보다는 객관적인 방법을 제시하고 싶습니다. 하나님은 성경을 통해 하나님의 뜻을 다 말씀해 주셨습니다. 우리는 피조물에 불과하기 때문에 창조주를 알 방법이 없습니다. 하나님은 이것을 아시고 하나님 자신이 어떤 분인지를 성경을 통해 우리에게 잘 알려주신 것입니다.

그래서 성경을 볼 때는 유한한 인간의 눈으로 봐서는 안됩니다. 국어시험을 볼 때 지문을 통해 저자의 의도를 파악하는 것이 중요하듯이 성경을 볼 때 저자이신 하나님의 의도를 파악하는 것이 중요합니다. 저자되신 하나님의 입장에서 말씀을 바라본다면 바른 해석을 할 수 있을 것입니다.

인간의 눈으로 보면 홍해 사건도 조수간만의 차이로 일어났다는 억지를 부리지만, 하나님의 눈으로 보면 온 우주를 창조하신 창조주께서 물을 가르는 것은 아무 일도 아닌 것입니다.

이처럼 우리가 겸손한 자세로 하나님의 말씀을 묵상하게 되면 하나님의 뜻을 쉽게 찾을 수 있습니다. 말씀을 묵상할 때 가장 먼저 하나님이 어떤 분인지를 찾는 이유도 하나님의 뜻을 알아야 그 본문을 정확하게 이해할 수 있기 때문입니다.

하나님의 뜻을 물어야 하는 상황이 내게 올 때 먼저 말씀을 묵상하며 말씀에서 답을 찾아봅니다.

이때 나의 자세는 나를 먼저 비워야 합니다. 겸손한 자세로 내 마음을 비울 때 하나님의 뜻을 채워주시기 때문입니다.

"너희는 이 세대를 본받지 말고 오직 마음을 새롭게 함으로 변화를 받아 하나님의 선하시고 기뻐하시고 온전하신 뜻이 무엇인지 분별하도록 하라." (로마서 12:2)

7
말씀대로 살려고 하니까 더 힘들어요

강단에서 말씀대로 살아야 한다고 외쳤는데 그렇게 결단하고 믿음대로 살았더니 더 힘들어졌다고 말할 때 참 난감합니다. 그렇다고 적당히 살라고 말할 수는 없습니다. 진리가 아니기 때문이죠.

이와 똑같은 상황을 경험한 성경 인물이 있습니다.
남유다의 13대 왕인 '히스기야'입니다. (왕하 18:1)

그는 왕이 되고서 예배를 회복시켰습니다. 그뿐 아니라 수많은 우상들을 무너뜨리며 하나님 중심의 삶을 백성들에게 요구했습니다. 그런데 이때 강대국 앗수르가 쳐들어와 예루살렘을 제외한 모든 지역을 점령해 버렸습니다. 뿐만 아니라 예루살렘을 에워싼 앗수르 군대는 이스라엘의 하나님을 조롱하며 우상을 없앤 히스기야 왕의 어리석음을 큰 목소리로 비판하였습니다.

히스기야는 아버지 아하스처럼 자신의 욕망을 좇지도 않았고 하나님의 뜻을 따라 행동했건만 오히려 더 어려운 상황에 처하게 된 것입니다. 그러나 히스기야는 여기에 굴하지 않았습니다. 이 모든 문제를 하나님 앞에 내려놓고 끝까지 하나님을 의지하는 믿음을 보였습니다.

"여호와여 주는 천하 만국에 홀로 하나님이시라 주께서 천지를 만드셨나이다. 원하건대 이제 우리를 그의 손에서 구원하옵소서"(열왕기하 19:15-19)

그 결과, 말도 안 되는 승리를 얻게 됩니다. 사람들은 185,000명의 대군이 하루아침에 진멸된 사건을 옛날이야기로만 여겼지만 고고학은 역사적 사실이었음을 밝혀주었습니다.

불의와 타협하지 않고 말씀대로 살려고 하는데 더 힘든 일이 일어나고 있다면 지금 그 자리에서 멈추지 말고 끝까지 주님을 의지해야 합니다.

히스기야가 힘든 상황에 굴하지 않고 끝까지 하나님을 의지하여 강대국 앗수르에게 말도 안되는 승리를 이룬 것처럼 더 힘들어지더라도 나를 지키시는 하나님을 믿어야 합니다. 말씀을 지키기 위해 힘겨운 시간을 지내는 이에게 히스기야가 백성에게 외쳤던 믿음을 소개하고 싶습니다.

"너희는 마음을 강하게 하며 담대히 하고 앗수르 왕과 그를 따르는 온 무리로 말미암아 두려워하지 말며 놀라지 말라. 우리와 함께 하시는 이가 그와 함께 하는 자보다 크니 그와 함께 하는 자는 육신의 팔이요. 우리와 함께 하시는 이는 우리의 하나님 여호와시라. 반드시 우리를 도우시고 우리를 대신하여 싸우시리라 하매 백성이 유다 왕 히스기야의 말로 말미암아 안심하니라." (역대하 32:7~8)

8
기도하고 싶은데 기도가 안될 때 어떻게 하죠?

마음이 답답하고 뭔가 막힌 것 같을 때 나의 연약함을 주님께 아뢰고 힘을 얻고 싶을 때 우리는 기도하는 자리로 나아갑니다. 그런데 막상 기도하기 위해 앉으면 어떻게 해야 할지 모를 때가 있습니다. 앞에 인도자가 있어 기도제목을 주면서 기도를 이끌면 할 수 있겠는데 혼자 앉아 기도하려니 막막합니다. "왜 나는 기도가 안될까? 답답하다." 기도를 해야겠다는 것은 알겠는데 기도가 안나옵니다. 이 문제를 해결하기 위해서는 기도의 근원부터 생각해야 합니다.

기도란 하나님과의 교제 또는 대화입니다. 기도의 뜻을 모르는 분들은 거의 없을 것입니다. 그러나 기도가 일상의 대화와 같다고 생각하는 분들은 많지 않습니다. 기도는 우리가 100% 신뢰할 수 있는 하나님과의 대화입니다. 우리는 하나님을 아빠(롬 8:15)라고 부를 수 있는 자녀들입니다. 내가 신뢰하는 사람을 만나면 우리는 편한 마음으로 내 속에 있는 것을 다 말하게 됩니다.

대화는 폼잡고 하는 것이 아닙니다. 신뢰를 바탕으로 사소한 것까지 이야기 하는 것입니다. 나의 모든 것을 다 아시는 하나님과 대화하듯 편한 마음으로 내 속에 있는 것을 사소한 것까지도 다 얘기하시면 되는 것입니다. 폼 잡지 말고 내 속에 있는 것을 다 털어 놓는 것입니다. 하나님은 나를 공감해 주시고 나를 사랑해 주는 분이시기에 있는 모습 그대로 나아가 나의 마음을 털어 놓는 것입니다.

마치 부모와 자녀 사이에 대화를 하면서 폼 잡지 않고 편하게 대화하듯이 내가 마음속에 염려하는 것까지도 그냥 허심탄회하게 말씀드리는 것입니다. 이것이 기도입니다. 어차피 하나님은 우리의 마음과 생각을 다 아시는 분입니다.(마 6:8)

예수님은 폼 잡고 기도하는 바리새인의 기도를 책망하셨고 진솔하게 자신을 표현하며 기도했던 세리의 기도를 인정하셨습니다. 기도가 안되어서 답답하게 느껴진다면, 현재 내 속에 있는 모든 것을 솔직하게 다 얘기하시면 됩니다. 주님은 우리가 있는 모습 그대로 나아가 우리의 속마음을 털어놓을 때, 우리를 사랑하는 눈빛으로 바라보시며 우리의 소리를 진지하게 들어주시고, 우리의 마음을 어루만져 주실 것입니다.

왜냐구요?
하나님은 우리의 아빠이시니까요.

"아무 것도 염려하지 말고 다만 모든 일에 기도와 간구로, 너희 구할 것을 감사함으로 하나님께 아뢰라." (빌립보서 4:6)

"그 두루마리를 취하시매 네 생물과 이십사 장로들이 그 어린 양 앞에 엎드려 각각 거문고와 향이 가득한 금 대접을 가졌으니 이 향은 성도의 기도들이라." (요한계시록 5:8)

9
최선을 다하는 삶 vs 대충 사는 삶

가룟 유다는 예수를 팔 운명을 가지고 태어났을까요? 정말 가룟 유다가 태어날 때부터 예수님을 팔 사람으로 이미 운명지어졌다면 너무 불쌍한 사람일 것입니다.

성경에서는 이 부분에서 어떻게 말하고 있을까요? 예정론이라는 단어는 시간을 초월한 하나님의 결정을 말하는 이론입니다. 시간을 초월했다는 말은 과거와 현재와 미래를 초월했다는 말입니다. 인간은 유한한 존재이기 때문에 시간 안에 갇혀 있습니다. 이것에서 벗어나고 싶어 사람들은 상상 속에서 타임머신도 만들어내지만 현실에서는 결국 시간에 갇혀 있습니다. 그러나 우리를 택하시고 부르신 하나님은 시간을 초월하시는 분이십니다.

"나는 알파와 오메가요
처음과 마지막이요 시작과 마침이라." (요한계시록 22:13)

시간을 초월하신 하나님이 우리의 구원을 예정해 놓으시고 그 일을 이루십니다. 이렇게 수 천년의 히스토리가 연결되어 성경이 기록되었습니다. 예수님이 십자가 위에서 죽기 전에 "다 이루었다"라고 외치신 것이 그것을 말해주고 있습니다. 이는 우리의 삶이 운명지어진 것이 아니라 우리가 이 땅에서 어떻게 사느냐에 따라 심는 대로 거두는 원칙(갈 6:7)이 적용됩니다.

야베스는 근심 가운데 태어났지만 하나님께 기도함으로 존귀한 자가 되었습니다. 우리의 미래는 우리가 어떻게 사느냐에 따라 달라지게 되어있습니다. 요셉이 애굽의 총리가 되기까지 얼마나 자신의 삶에 최선을 다했는지 바로 앞에서 꿈을 해석하는 모습을 통해 확인할 수 있습니다.

반면 숙명론(운명론)은 과거의 어떤 시점에서 미래의 일을 결정지었다는 이론입니다. 즉, 사람은 이미 미래에 어떻게 될 것인지 운명 지어졌기 때문에 아무리 날고 뛰어봤자 소용없다고 합니다. 그래서 미래가 궁금하고 미래를 알고 싶어서 점쟁이를 찾아가고 사주팔자를 보는 것입니다.

가롯 유다가 자기의 욕심과 열정을 내려놓고 순수하게 예수님을 하나님의 아들로 믿고 세상 적인 구원이 아닌 죄로부터 구원할 메시야로 예수님을 따랐더라면 인류 역사 속에서 예수님을 판 제자가 아닌 복음을 전하는 사도로 남을 수 있었을 것입니다. 운명론에 빠져 점쟁이나 관상, 사주를 보러 가는 것은 우리를 계획(예정)하시고 우릴 통해 이루실 일을 기대하시는 하나님의 마음을 아프게 하는 행위입니다.

미래의 나라는 존재는, 나를 택하신 하나님의 계획(예정)을 신뢰하고 지금 주어진 내 삶에 최선을 다하는가? 아니면, 운명론에 갇혀 대충 사느냐에 달려있습니다.

"곧 창세 전에 그리스도 안에서 우리를 택하사 우리로 사랑 안에서 그 앞에 거룩하고 흠이 없게 하시려고 그 기쁘신 뜻

대로 우리를 예정하사 예수 그리스도로 말미암아 자기의 아

들들이 되게 하셨으니." (에베소서 1:4-5)

10
하나님이 원하시는 믿음은?

지금 우리 기독교는 지탄을 받으며 전도에 치명적인 타격을 받고 있는 상태입니다. 이것이 큰 문제가 되는 것은 예수님이 우리에게 말씀하신 지상명령을 지키지 못하는 것과 동시에, 지금 시대가 아닌 우리 후대에 더 큰 시련을 안겨주기 때문입니다.

우리나라에 처음 기독교가 들어왔을 때에 안믿는 사람들에게 칭찬을 많이 받았습니다. 목사라 말하면 무조건 신뢰했었죠. 교회에 장로나 집사라고 말하면 믿어 줬습니다. 그러나 지금은 이러한 신뢰를 찾기 어렵습니다. 왜 이렇게 되었을까요?

이 문제를 외부에서 찾으려하면 사단의 전략이라고 목에 핏대를 세워야 되겠죠. 하지만 성경으로 돌아가면 이 문제가 우리로부터 출발하고 있음을 알수 있습니다.

요시야 왕의 종교개혁에도 불구하고 하나님을 떠나있는 이들에게 예레미야 선지자가 선포한 말씀속에서 우리는 해결점을 찾을 수 있습니다.

"여호와께서 이르시되 이스라엘아 네가 돌아오려거든 내게로 돌아오라 네가 만일 나의 목전에서 가증한 것을 버리고 네가 흔들리지 아니하며 진실과 정의와 공의로 여호와의 삶을 두고 맹세하면 나라들이 나로 말미암아 스스로 복을 빌며 나로 말미암아 자랑하리라" (예레미야 4:1-2)

가증한 것은 우상숭배입니다. 내가 하나님보다 더 중요하게 여기는 것이 있다면 그것이 우상숭배입니다. 명예와 권력, 물질의 이익을 위해 하나님을 팔고 거짓말하는 것은 하나님보다 그것들을 더 소중하게 여기기 때문입니다. 이러한 것들은 우리 마음을 흔들리게 합니다. 이것들보다 하나님을 더 사랑한다는 것, 결코 쉬운 일이 아닙니다. 그래서 흔들리지 않도록 하라고 말씀하시는 것입니다.

그 다음으로 진실과 정의와 공의를 행하라 하십니다. 하나님을 믿는 사람은 진실해야 합니다. 자기 합리화를 위해서 아무렇지도 않게 거짓말하면 안됩니다. 비록 손해보고 피해를 얻게 되더라도 거짓과 타협하지 말고 진실과 정의와 공의를 행해야 합니다. 그렇다면 진실과 정의, 그리고 공의의 기준점은 어디일까요? 세상의 정의와 공의와 진실은 왜곡되는 경우가 많습니다. 심지어 문화의 변화에 따라 달라질 수도 있습니다. 그래서 변함없는 하나님의 말씀을 기준으로 두어야 합니다. 하나님의 말씀은 변하지 않기 때문입니다.

나는 지금 하나님이 원하시는 믿음을 가지고 있는가? 아니면 하나님을 믿는다고 말은 하지만 죄악된 것들을 소유하며 그것들과 벗하며 살고 있는가 돌아봐야 합니다. 하나님을 믿는 우리가 여호와께 바로 돌아갈 때 우리나라 기독교가 다시 회복될 뿐만 아니라, 우리 후대도 더욱 믿음 안에 든든히 서 갈 수 있을 것입니다. 나를 위한 믿음이 아니라 하나님이 원하시는 믿음을 소유할 때, 세상은 믿는 우리에게 다시금 신뢰를 보낼 것입니다.

"하나님을 찬미하며 또 온 백성에게 칭송을 받으니 주께서 구원 받는 사람을 날마다 더하게 하시니라." (사도행전 2:47)

11
기독교인은 술을 마시면 안되는가?

기독교인은 술을 마시면 안되는가? 이는 yes와 no로 즉답할 수 없는 문제입니다. 지금은 예전과 달리 기독교인이면서도 술을 마시는 사람이 많이 있습니다. 어떤 사람은 마음에 찔림이 있어서 안 마시고, 어떤 사람은 아무렇지도 않은 듯 마십니다.

성경은 술에 대해 뭐라 말하고 있을까요?

성경에서 가장 많이 나오는 술은 포도주일 것입니다. 예수님도 마셨고 제자들도 마셨습니다. 구약에서도 포도주는 음료수처럼 나옵니다. 다만 술을 입에 대지않는 사람들도 있었습니다. 나실인은 하나님께 특별히 구별되이 드려져 포도주나 독주를 삼가토록 하였습니다.(민 6:3) 예배 차례를 맡은 제사장들도 그러했습니다.(레 10:9) 지금은 예수님이 단번에 드려지심으로 더 이상 제사가 필요없게 되었고(히 9:12) 십자가에서 죽으실 때 성소의 휘장이 갈라짐으로(히 10:20) 더 이상 성전이 필요없게 되었습니다.

우리를 위해 예수님이 죽으심으로 성전은 이제 우리 몸 안에 들어온 것이고 우리는 만인 제사장이 되어 매일의 삶으로 예배하는 자가 된 것입니다.

"너희는 너희가 하나님의 성전인 것과 하나님의 성령이 너희 안에 계시는 것을 알지 못하느냐 누구든지 하나님의 성전을 더럽히면 하나님이 그 사람을 멸하시리라 하나님의 성전은 거룩하니 너희도 그러하니라" (고린도전서 3:16-17)

"그러나 너희는 택하신 족속이요 왕 같은 제사장들이요 거룩한 나라요 그의 소유가 된 백성이니" (베드로전서 2:9)

우리의 몸이 하나님의 거룩한 성전이고 만인 제사장으로 매일 주님께 예배하는 삶을 산다면 술에 대한 문제는 충분히 답을 얻을 수 있습니다. 초대교회를 보면 교회 일꾼을 세울 때에도 술에 인박힌 자를 세우지 말라 했고(딤전 3:8) 성령 충만을 받기 위해서 술 취하지 말라 하셨습니다.(엡 5:18)

바울이 디모데에게 "네 병을 위해 포도주를 조금씩 마시라"는 말씀 속에서도 디모데도 술을 마시지 않았음을 알 수 있습니다. 다만, 로마서(14장)에서는 먹는 것과 마시는 것으로 형제를 비판하지 말라 하셨습니다. 하나님의 말씀은 남을 비판하는데 사용하는 것이 아니고 내 자신을 돌아보는데 사용해야 합니다. 내가 하나님의 거룩한 성전이 되었고 하나님의 자녀로서 행동에 책임을 진다면 술뿐 아니라 모든 것에 대하여 선한 영향력을 나타내야 합니다.

"하나님의 나라는 먹는 것과 마시는 것이 아니요 오직 성령 안에 있는 의와 평강과 희락이라." (로마서 14:17)

12
나를 향한 깊은 좌절감이 일어날 때

나는 누구인가? 한번쯤 이 질문을 자신에게 던져봤을 것입니다. 나를 잘 알기 위해서는 나를 만드신 분을 먼저 인정해야 합니다. 세상에 지어진 것들은 설계도가 있습니다. 건물, 기계, 심지어 단순해 보이는 공도 설계도 없이 만들어지지 않습니다.

"집마다 지은 이가 있으니 만물을 지으신 이는 하나님이시라." (히브리서 3:4)

하물며 60조 세포로 형성된 사람의 몸이 설계도 없이 만들어졌겠습니까? 우연이란 단어로 설명할 수 없는 정교한 몸이 하나님의 창조물임을 깨달을 때, 비로소 나를 아는 첫 자물쇠를 풀 수 있게 됩니다. 그렇기 때문에 나를 알기 위해서는 먼저 나를 지으신 분을 먼저 인정해야 한다는 것입니다.

창조주 하나님을 인정한다면 그 분이 기록한 성경을 믿어야 합니다.(딤후 3:16) 성경은 약 1500년 동안 40여 명의 저자에 의해 기록되었지만 인간을 구원하실 하나님의 계획이 동일한 문맥으로 이어져 있고, 창조 기원과 죄의 기원, 그리고 종말 이후까지 인생의 모든 것을 알려주고 있습니다. 어떤 기계를 만지다가 잘 모를 때 매뉴얼을 찾아 읽는 것처럼, '나'라는 존재를 잘 모를 때는 성경을 읽어야 합니다.

우리는 하나님의 형상대로 지음 받았습니다.(창 1:26)

거룩하신 하나님의 형상을 닮은 우리는 착한 일을 하면 기분이 너무도 좋지만 악한 일을 하게 되면 가슴이 콩닥거립니다. 이것이 내가 하나님의 창조물이라는 증거입니다. 이를 무시하고 죄를 반복하여 짓게 되면 화인 맞은 양심이 되어 무뎌지게 됩니다.(딤전 4:2) 하나님은 사람을 만물의 영장으로 만들어 창조한 모든 것을 인간에게 다 맡기셨습니다.

"생육하고 번성하여 땅에 충만하라 땅을 정복하라 모든 생물을 다스리라." (창세기 1:28)

이로 보아 우리는 하나님의 청지기라는 것과, 내게 맡겨진 삶에 최선을 다해야 한다는 것을 알 수 있습니다. 내 것이 아닌 하나님의 것이기에 욕심 없이 베풀며 살아야 합니다. 내가 가진 모든 것을 그렇게 여겨야 합니다.

사람이 태어남은 부모의 계획이나 실수 이전에 창조주 하나님의 계획이 있었습니다.(사 44:2) 각자의 그릇은 달라도 하나님 앞에서 모두 평등할 뿐만 아니라 모두 존귀한 자입니다. 전 세계 70억 인구의 지문이 다른 것만 생각해봐도 쉽게 이해할 수 있는 부분입니다. 누가 뭐래도 난 "하나님의 존귀한 자"라는 것입니다.

나를 향한 깊은 좌절감이 일어날 때, 나의 자존감에 스크래치가 있을 때, 나를 지으신 하나님이 나를 존귀한 자로 여겨주심을 기억하십시오.

"여호와가 우리 하나님이신 줄 너희는 알지어다 그는 우리를

지으신 이요 우리는 그의 것이니 그의 백성이요 그의 기르시는 양이로다." (시편 10:3)

13
사탄을 우습게 여기면 안되는 이유

이순신 장군은 손자병법에 나온 지피지기 백전불태라는 말을 지피지기 백전백승이라는 말로 바꾸어 승리에 대한 강한 의지를 병사들에게 부여했습니다. 우리도 사탄을 이기려면 사탄의 존재를 알아야 합니다. 사탄은 천사와 같은 영적인 존재입니다. 사람은 연약한 육체를 가지고 있기에 영적인 존재인 사탄을 절대로 이길 수 없습니다. 우리가 사탄을 이길 수 있는 유일한 방법은 내 안에 계신 성령님을 의지할 때입니다.

사탄은 우리를 쉽게 넘어뜨릴 수 있는 존재이지만 내 삶의 주인되신 하나님께 겸손히 나의 연약함을 고백하며 내 삶의 운

전대를 주님께 맡겨드리면 사탄은 결코 우리를 넘어뜨릴 수 없습니다. 그분은 우리의 선한 목자가 되셔서 우리를 의의 길로 인도해 주실 것입니다. 사망의 음침한 골짜기를 지나가게 되더라도 나를 든든히 보호해 주실 것입니다. 하나님의 선하심과 사랑하심이 늘 나와 함께 계시기에(시 23) 사탄은 우리를 어찌할 수 없을 것입니다.

사탄은 예수님마저도 시험했던 존재입니다. 예수님이 하나님의 아들이며 창조주이심을 모를 리 없는 사탄이지만 연약한 인간의 몸을 입고 40일 금식을 마친 예수님을 넘어뜨리려 했습니다. 하물며 매일 죄와 싸우며 한가지 이상 아킬레스건(단점)을 가지고 있는 우리는 어떻겠습니까? 그래서 우리는 하나님의 전신갑주를 입어야 합니다.(엡 6:11) 사탄이 아무리 강할지라도 하나님의 전신갑주를 입은 우리를 어찌하지 못할 것입니다.

인간이 죄를 지음으로 죽음이 결정된 것처럼(롬 6:23) 사탄도 하나님의 심판을 받아(계 20:10) 영원한 불못에 던져지도록 결정된 자들이기에 물불을 가리지않고 덤벼드는 존재입니다. 이를 알고 있는 사탄은 불못에 들어가기까지 최대한 하나님의 자녀들을 지옥으로 데려가려 합니다. 이것이 하나님을 향한 사탄의 복수전입니다.

하나님은 우리를 사랑하셔서 독생자까지도 희생시키셨습니다. 우리는 예수님의 거룩한 보혈로 죄 씻음 받았고 하나님의 자녀라는 특권과 함께 천국 백성이 되었습니다. 그런데 하나님의 천국 백성이 된 우리가 하나님을 의심하며 하나님의 품을 떠난다면 이거야말로 사탄이 가장 좋아할 일이 될 것입니다.

"근신하라 깨어라 너희 대적 마귀가 우는 사자 같이 두루 다니며 삼킬 자를 찾나니" (베드로전서 5:8)

우리는 사탄을 우습게 여기면 안됩니다. 근신하고 깨어 있어야 합니다. 하나님의 전신갑주를 입어야 합니다. 그리고 내 안에 계신 성령님을 의지하며 그분의 인도하심에 나를 맡겨야 합니다. 그렇다면 우리도 사탄에 대하여 백전백승 할 수 있습니다.

"무릇 하나님께로부터 난 자마다 세상을 이기느니라 세상을 이기는 승리는 이것이니 우리의 믿음이니라." (요한일서 5:4)

14
낙태에 대한 성경적인 세계관

요즘 이슈가 되는 것 중의 하나가 정부에서 입법 예고한 낙태죄 관련법안입니다. 14주까지 제한적으로 낙태를 허용하는 법안을 예고했는데 크리스천은 이 법안을 어떻게 봐야할까요? 우리가 믿는 하나님은 창조주이시며 생명의 주관자이십니다.(시 36:9)

90세가 되어 자녀의 소망이 없었던 사라에게 생명을 허락하신 분이 하나님이십니다.(창 18:10) 예수께서 엘리야로 인정한 세례요한의 탄생도 인간의 힘으로는 불가능한 시기였습니다.(눅 1:13) 예수의 태어나심도 생물학적으로는 불가능한 동정

녀 탄생으로 이루어졌습니다.(마 1:23) 이로 보아 임신이 되었다는 것은 하나님께서 생명을 허락하셨다는 뜻입니다.

그렇다면 임신된 태아의 생명을 인간인 우리가 좌지우지할 수는 없는 것입니다. 인간의 생명윤리로 낙태 주간을 결정할 수도 없는 것입니다. 위의 내용을 전제조건으로 다양한 상황을 우리의 입장이 아닌 하나님의 입장에서 생각해 봐야 합니다.

성폭력에 의해 원치않는 임신을 했을 때 결코 쉬운 결정이 아닐 것입니다. 트라우마를 도저히 감당할 수 없는 상황이 된다면, 그 외에도 임산부의 생명이 달린 문제라면, 임산부를 살리기 위해서 힘든 결정을 할 수도 있습니다. 그러나 사실 이러한 일은 '만일'에 불과합니다. 대부분의 경우, 죄를 감추거나 이기적인 욕심에 의해 낙태를 결정해 버리는 경우가 대다수입니다.

그럼에도 낙태를 동의하는 여론을 보면 '만일'에 가까운 부분만을 부각시키며 여론몰이를 하는 경우가 있습니다. 낙태죄에 관하여 지키지 못한다고 지옥에 가는 것은 아닙니다.

다만 내가 하나님의 사랑받는 자녀로서 생명의 주관자가 하나님이라는 것을 분명히 안다면 나를 사랑하시며 자녀 삼아주신 하나님을, 나의 삶에 주관자 되시며 신실하신 하나님을 믿고 신뢰해야 합니다.

"내 형질이 이루어지기 전에 주의 눈이 보셨으며 나를 위하여 정한 날이 하루도 되기 전에 주의 책에 다 기록이 되었나이다." (시편 139:16)

15
신앙생활에 노력이 필요한 이유

하나님께서 사람을 창조하신 이유는 사람을 통하여 영광 받으시기 위함이었습니다. 그러나 인간이 죄를 지음으로 말미암아 하나님과의 관계가 끊어지고(사 59:2) 에덴에서 쫓겨나 더이상 들어가지 못하게 되었습니다. 죄의 시작은 불순종에서 시작되었습니다.(창 2:17) 먹음직도 하고 보암직도 하고 탐스럽기도 한 유혹에 넘어간 것입니다.(창 3:6) 불순종으로 인해 밝아진 눈은 악에 대한 눈이 밝게 뜨였을 뿐 사단이 유혹한 것처럼 하나님처럼 되는 일은 일어나지 않았습니다.

그 후로 인간은 누가 가르쳐주지 않아도 자연스럽게 죄를 짓는 존재가 되어버린 것입니다. 결국 하나님의 영광에서 떠나버린 인간은 사단의 지배를 받는 존재가 되어 배움 없이도 죄를 쉽게 짓게 되었습니다.

반면, 이런 죄인을 구원하기 위한 구원의 시작은 순종에서 시작되었고,(롬 5:19) 십자가 위에서 화목제물이 되신 예수님의 보혈과 사망권세를 물리치고 부활하신 능력으로 죄인이자 악의 자녀였던 우리를 의인이자 하나님의 자녀로 신분 변화를 일으켜 주셨습니다. 이 사건은 하나님의 사랑과 예수님의 헌신으로 이루어진 결실입니다. 그래서 주님은 우리에게 요구하십니다.

"선한데는 지혜롭고 악한데는 미련하라" (로마서 16:19)

구원은 우리가 거저받은 하나님의 선물(엡 2:8) 이지만 아직 연약한 육체를 가지고 있는 우리는 치열한 '영적 싸움'을 싸워야만 합니다. 육신의 생각은 하나님과 원수가 되기에(롬 8:7) 우리를 살리신 하나님을 의지하여 죄에 굴복하지 않도록 노력해야 합니다. 죄의 속성을 살펴보면, 가르치지 않아도 쉽게 습득하지만 성령의 열매는 하나같이 노력을 요구합니다. '사랑, 희락, 화평, 오래참음, 자비, 양선, 충성, 온유, 절제 등.'(갈 5:22~23) 노력없이 얻을 수 있는 것이 아무것도 없습니다.

우리가 가만히 있으면 자연스럽게 죄를 짓게되는 연약한 인간임을 바로 알고 예수님을 닮기위해 노력할 때 예수께서 세상을 이기신 것처럼 우리도 세상을 이길 수 있게 됩니다. 비록 매일 넘어지고 흔들려도 말씀에 순종하며 말씀대로 살려고 몸부림치는 그 자체가 우리가 할 수 있는 노력입니다. 하나님은 우리가 완벽해서 받아주시는 것이 아니라 연약하지만 주님 뜻대로 살려고 노력하는 그 모습 그대로를 사랑하시고 받아주시며 품어주시는 분이십니다.

"이러므로 우리에게 구름 같이 둘러싼 허다한 증인들이 있으니 모든 무거운 것과 얽매이기 쉬운 죄를 벗어 버리고 인내로써 우리 앞에 당한 경주를 하며." (히브리서 12:1)

16
죄의식이 나를 지배할 때

예수를 믿는 모든 이들은 죄인의 몸에서 의인의 몸으로 변화되었습니다.(롬 6:7) 문제는 의인된 우리가 여전히 죄를 해결하지 못하고 있다는 것입니다. 나름대로 하나님의 자녀답게 살고싶어 노력하지만 돌아보면 또다시 죄 속에 헤매이는 자신을 발견하게 됩니다. 이렇듯 죄의식은 우리 자신을 옭아맵니다. 이때 사단은 괴로워하는 우리에게 팩트 공격을 가해옵니다.

"네가 그러면서 무슨 하나님의 자녀라고! 예수 믿고 구원받았다는 사람이 맨날 죄를 짓냐? 어차피 넌 그런 놈이니 폼 잡지 말고 네 멋대로 살아!" 이렇게 죄의식을 심어주는 속삭임이 틀린 말은 아닌데 틀렸습니다! 우리는 죄의식에 대한 사도바울의 솔직한 고백을 성경에서 찾을 수 있습니다.

"오호라 나는 곤고한 사람이로다 이 사망의 몸에서 누가 나를 건져내랴." (로마서 7:24)

마음은 하나님의 법을 찾는데 육체는 죄에 사로잡혀있는 자신을 보고 탄식하는 사도 바울의 외침입니다. 우리는 예수님의 희생으로 구원을 받았지만 아직 연약한 육체를 가지고 있는 몸이기에 육체를 벗는 그날까지 자신의 죄성과 싸워야 합니다.

이기는 날보다 지는 날이 더 많을 것입니다. 성령께서는 이런 우리의 연약함을 아시고 우리를 위해 간절한 기도를 올리십니다.(롬 8:26) 그만큼 우리가 연약한 존재라는 것을 인정해야 합니다. 기억해야 할 것은 하나님은 우리가 죄인이었을 때 부르셨고 그런 우리를 아무 공로없이 의인으로 만들어주셨다는 것입니다.

주님은 완벽한 우리를 부르신 것도 아니요 우리에게 완벽을 요구하지도 않으십니다. 만약 그랬더라면 율법으로 구원받게 하셨을 것입니다. 이것이 불가능하다는 것을 아시기에 주님은 아무 공로없이 우리에게 구원을 주신 것입니다. 이 사실을 안다면 죄의식에 사로잡힐 필요가 없습니다. 다만 사단이 죄의식을 심어줄 때 오히려 이런 나를 선택하신 하나님께 감사해야 합니다. 그리고 받은 사랑에 감사하며 하나님을 더욱 사랑하고 예수님을 더욱 더 닮아가도록 해야 합니다. 우리 마음 중심을 보시는 주님은 그 모습 그대로를 사랑하시는 분이십니다.

사도바울은 사망의 몸이라고 고백했지만 죄의식에 사로잡혀 비관하지 않았습니다. 그런 자신을 건져주신 예수님을, 죄의식에서 해방시켜 주신 예수님을 찬양했습니다. 우리가 죄의식에 사로잡히지 않고 하나님을 사랑하며 예수님을 닮아가기 위한 이유가 여기 있습니다.

"그러므로 이제 그리스도 예수 안에 있는 자에게는 결코 정죄함이 없나니 이는 그리스도 예수 안에 있는 생명의 성령의 법이 죄와 사망의 법에서 너를 해방하였음이라." (로마서 8:1-2)

17
하나님은 왜 악인을 그대로 두시는가?

이 문제는 기독교인 뿐만 아니라 안 믿는 사람들도 '악인이 없으면 세상 살만할 텐데'라는 생각을 합니다. 뒤집어 생각해본다면 악인이 없는 세상은 천국밖에 없고 악인이 있는 이 세상은 오히려 우리에게 천국 본향에 대한 소망을 심어준다는 것입니다. 하박국 선지자도 악인의 횡포 때문에 하나님께 따지듯 호소한 적이 있습니다.

"여호와여 내가 부르짖어도 주께서 듣지 아니하시니 어느 때까지리이까 내가 강포로 말미암아 외쳐도 주께서 구원하지 아니하시나이다." (하박국 1:2)

이에 대한 주님의 답변은, 악인을 반드시 심판하신다는 것입니다. 그 심판의 정도를 들은 하박국 선지자는 다음과 같은 찬양을 주님께 드렸습니다.

"비록 무화과나무가 무성하지 못하며 포도나무에 열매가 없으며 감람나무에 소출이 없으며 밭에 먹을 것이 없으며 우리에 양이 없으며 외양간에 소가 없을지라도 나는 여호와로 말미암아 즐거워하며 나의 구원의 하나님으로 말미암아 기뻐하리로다." (하박국 3:17-18)

예수님의 천국 비유에서 짐작할 수 있는 것은 사단이 악인을 세상에 심는다는 것입니다.(마 13:25) 이런 악인을 바로 제거하시지 않는 까닭은 의인이 다칠 수 있기 때문입니다. 양들의 무리 가운데 염소를 두는 원리를 생각하면 쉽게 이해할 수 있는 부분입니다. 양들은 서로 모여 있는 게 본능이라면 염소는 모여있는 꼴을 보지 못하는 본능이 있습니다. 양들이 모여있게 되면 질식사 또는 갖가지 질병에 걸리기 때문에 목자들은 양들 곁에 염소를 함께 두는 것이고 본능에 충실한 염소는 양들을 모이지 못하게 들이 받는 것입니다.

종말이 가까워질수록 사단은 더욱 악인을 부추길 것입니다. 자신이 당할 심판의 날을 알기 때문입니다. 악인이 득세할지라도 그들에게 들이 받히고 있는 우리를 돌보시는 목자의 심정을 헤아리고, 가라지를 그대로 두는 농부의 심정을 헤아리고, 악인을 반드시 심판하실 정의의 하나님을 바라보며 구원의 하나님을 찬양하시기 바랍니다.

18
예배는 보는 것이 아니라 드리는 것입니다

2019년에 갑자기 찾아온 코로나19가 사회 전반에 걸쳐 상당한 데미지를 주고 갔습니다. 당시 교회들도 여기에서 자유로울 수는 없었습니다. 성도들이 함께 교제를 나누거나 예배를 드리지 못해 힘들어했던 시간이었습니다. 이때 자연스럽게 나타났던 현상은 예배 경시 현상이었습니다. 전염병이 창궐하다 보니 현대 문명을 활용하는 비대면 예배가 시작되었고 비대면 예배가 길어지면서 자연스럽게 마음이 많이 해이해 졌던 것입니다.

처음에는 가고 싶어도 갈 수 없는 교회를 그리워하며 옷이라도 정성껏 차려입고 텔레비전 앞에 있었다면, 이제는 유튜브를 보듯 커피잔을 손에 들고 집에서 입는 편한 옷을 입고 주일 예배라는 프로그램을 시청하는 시청자의 자세로 화면을 응시하고 있는 것입니다.

요 4장에 보면 예수님은 사마리아에서 한 여인을 만난 뒤 그녀의 잘못된 예배관을 수정해 주셨습니다. 예배는 장소가 중요한 것이 아니라 온 마음과 진리로 드리는 것이라는 것과 하나님은 이렇게 예배하는 자를 찾으신다고 말씀해 주셨습니다. 찾으신다는 말씀은 현재형으로 하나님은 지금도 거룩한 모습으로 예배하는 자를 찾으신다는 의미가 담겨져 있습니다.

또한 예수님은 예배를 드릴 때의 자세는 영과 진리로 드려야 함을 말씀해 주셨습니다. 내가 전심으로 온 마음을 다하여 진실되게 주님을 예배할 때 그 예배를 받으신다는 것입니다.

지금도 세계 곳곳에서는 예배를 드리고 싶으나 드리지 못하는 분들이 얼마나 많은지 모릅니다. 예배 한번 드리기 위해 목숨을 내건 분들이 너무도 많습니다. 우리의 예배는 어디에나 계시는 하나님 앞에서coram deo 드리는 것임을 기억하셔야 합니다. 비록 대면해서 예배를 드리지 못할지라도 있는 그 자리에서 영과 진리로 예배를 드리시기 바랍니다.

"하나님은 영이시니 예배하는 자가
영과 진리로 예배할지니라" (요한복음 4:24)

19
트라우마를 극복하려면

인생을 살다보면 한번 이상의 어려움을 겪게 됩니다. 이러한 과정 가운데 남는 것이 '트라우마'입니다. 어느날 갑자기, 예전 일들이 순식간에 눈앞에 나타나 마음을 혼란하게 만들 수도 있습니다. 이런 트라우마를 효과적으로 극복하도록 돕는 프로그램 안에 322개의 성경구절이 사용되고 있다고 합니다. 성경 인물 가운데 트라우마를 겪고 말씀으로 이겨낸 왕이 있는가 하면, 회피함으로 더 큰 어려움을 겪었던 왕이 있습니다.

다윗왕은 이방인의 방식대로 법궤를 옮기다가 웃사가 죽게되어 법궤를 제자리로 갖다 놓은 적이 있습니다. 시간이 지난 후에 왜 웃사가 죽게 되었는지 깨닫고 난 뒤에는 하나님의 말씀대로 진행하여 법궤를 다윗성에 무사히 옮겨놓을 수 있었습니다.

반면, 남유다의 요담왕은 아버지 웃시야가 성전에서 분향하다가 문둥병에 걸린 사건을 알고는 아예 성전 출입을 하지 않았습니다. 요담이 아버지가 왜 문둥병에 걸렸는지 그 원인을 말씀에서 찾았더라면 하나님의 전으로 나오기를 더욱 힘썼을 것입니다. 트라우마를 극복하지 못한 요담의 모습은 아들 아하스에게 영향을 주게 되었고 아하스는 성전을 멀리했을 뿐만 아니라 성전의 기구들을 부수기까지 했습니다.

트라우마를 근본적으로 해결하는 것은 말씀으로 돌아가는 것입니다. 말씀은 사람을 살리는 능력이 있습니다.(시 119:50) 우리를 지으신 하나님의 말씀이기 때문입니다. 다윗은 이것을 알았기에 항상 하나님께 엎드렸던 것이고 자기 아들 솔로몬에게 유언을 남긴 것입니다.

"네 하나님 여호와의 명령을 지켜 그 길로 행하여 그 법률과
계명과 율례와 증거를 모세의 율법에 기록된 대로 지키라 그

리하면 네가 무엇을 하든지 어디로 가든지 형통할지라." (열
왕기상 2:3)

트라우마를 극복하는 길은 부정과 분노가 있는 자신의 모습
이 지극히 정상적인 과정임을 인정하고, 있는 모습 그대로 주님
앞에 나아가 내가 느끼는 것을 진솔하게 아뢰며 나를 고치시며
위로하시는 말씀 앞에 지속적으로 나를 비춰보는 것입니다.

"찬송하리로다 그는 우리 주 예수 그리스도의 하나님이시오
자비의 아버지시요 모든 위로의 하나님이시며 우리의 모든
환난 중에서 우리를 위로하사 우리로 하여금 하나님께 받는
위로로써 모든 환난 중에 있는 자들을 능히 위로하게 하시는
이시로다." (고린도후서 1:3-4)

20
오래참음

성경을 읽다보면 하나님이 얼마나 죄된 인간을 향하여 오래 참으시는지 수많은 곳에서 발견할 수 있습니다. 고린도전서 13장에서 사랑의 속성들을 말하는데 그중에 가장 먼저 나오는 것이 오래 참음입니다.(고전 13:4)

오래 참음이 가장 먼저 나오는 까닭은 사랑을 실천함에 있어서 가장 중요한 요소이기 때문일 것입니다. 성령의 9가지 열매에도 오래 참음이 있습니다.(갈 5:22) 이는 하나님은 한없이 오래 참으시고 또 오래 참으시는 분이시기 때문입니다.

어떤 사람은 이런 의문을 갖습니다. 하나님은 악인을 왜 그냥 두시냐고. 이 질문대로라면 공의로운 하나님께서 모든 죄인을 다 쓸어버리셔야 하는데 거기에는 질문하는 사람도 포함됩니다. 하나님은 한 사람이라도 멸망하지 않고 구원에 이르기를 오래 참고 기다리시는 분이시기에 우리가 지금 살아있는 것입니다.

> "주의 약속은 어떤 이들이 더디다고 생각하는 것 같이 더딘 것이 아니라 오직 주께서는 너희를 대하여 오래 참으사 아무도 멸망하지 아니하고 다 회개하기에 이르기를 원하시느니라." (베드로후서 3:9)

오래 참기 위해서는 그냥 참으면 안됩니다. 상대방을 용서했을 때 오래 참을 수 있는 것이지 그냥 오래 참으면 언젠가는 폭발하게 되어 있습니다. 응집된 것이 폭발하면 그 폭발력은 감당할 수 없는 상황이 되어 버립니다.

예수님도 자신을 배신했던 베드로나, 십자가에 못박은 이들을 용서하심으로 오래 참음의 결실을 맺으셨습니다. 하나님은 우리에게 오래 참음을 요구하시기 전에 스스로가 오래 참으심

을 몸소 보이신 것입니다. 사랑의 속성에도, 성령의 열매에도
존재하는 오래 참음은 하나님의 자녀인 우리에게 꼭 필요한 요
소입니다.

"그러므로 너희는 하나님이 택하사
거룩하고 사랑 받는 자처럼 긍휼과
자비와 겸손과 온유와 오래 참음을 옷 입고" (골로새서 3:12)

21
종말에 대한 바른 생각

인류사에 빠지지 않고 등장하는 것 중의 하나가 종말론입니다. 우리나라에도 종말이란 폭풍이 지나간 때가 있었습니다.

1992년 10월 28일, 10만여 명이 휴거를 준비한다고 집을 팔고 직장을 정리하고 한곳에 모이며 미국과 일본에서도 수많은 취재진이 몰려오기도 했었습니다. 휴거 바람은 사회 전반을 흔들어 놓았고 종말에 대한 잘못된 지식이 많은 사람을 힘들게 만든 사건이었습니다.

사람들은 종말이라는 단어에 귀를 쫑긋 세웁니다. 그만큼 종말에 대한 관심이 크다는 것이죠. 그리고 종말에 대한 막연한 두려움을 안고 살아가고 있습니다. 이러한 인간의 약함을 아시는 주님은 예수님 재림의 날인 인류의 종말에 대하여 아무에게도 알려주시지 않았습니다.

예수께서 승천하실 때 제자들이 재림의 때를 묻는 질문에도 "때와 시기는 아버지께서 자기의 권한에 두셨으니 너희가 알 바 아니요"(행 1:7) 라고 대답하셨습니다. 공생애 기간 제자들을 가르치실 때에도 "생각하지 않은 때"(마 24:44)에 오신다고 말씀하셨습니다.

우리에게 있어서 가장 가까운 종말은 자신의 죽음입니다. 내가 죽으면 그것이 곧 종말이라는 것을 생각하는 이가 많지 않은 것 같습니다. 세상의 종말을 논하기 전에 자신의 죽음을 먼저 생각해봐야 합니다.

올 때는 순서가 있지만 갈 때는 순서가 없다는 말이 있듯이 우리는 언제 하늘의 부름을 받을지 모릅니다. 그렇기 때문에 깨어 있어야 하는 것이고 주님 앞에 설 날을 생각하며 살아야 하는 것입니다. 세월을 아끼지 않으면 부끄러운 모습으로 주님 앞에 설 수도 있습니다. 하지만 매 순간 주님이 나와 함께 하심을 느끼며 살아간다면 종말이 전혀 두렵지 않을 것입니다.

주님이 우리에게 원하시는 삶은 종말에 대한 두려움에 갇혀 사는 것이 아닙니다. 내게 주어진 하루하루가 얼마나 귀한지를 깨닫고 하나님께 받은 사랑을 실천하며, 진리로 얻은 자유를 누리며 우리에게 주신 지상명령을 감당하며 살기를 원하십니다.

"형제들아 때와 시기에 관하여는 너희에게 쓸 것이 없음은 주의 날이 밤에 도둑 같이 이를 줄을 너희 자신이 자세히 알기 때문이라. 그들이 평안하다, 안전하다 할 그때에 임신한 여자에게 해산의 고통이 이름과 같이 멸망이 갑자기 그들에게 이르리니 결코 피하지 못하리라

형제들아 너희는 어둠에 있지 아니하매 그날이 도둑 같이 너희에게 임하지 못하리니 너희는 다 빛의 아들이요 낮의 아들이라. 우리가 밤이나 어둠에 속하지 아니하나니 그러므로 우리는 다른 이들과 같이 자지 말고 오직 깨어 정신을 차릴지라." (데살로니가전서 5:1-6)

PART 2

주님의 시선으로 세상을 보다

예수님의 시선을 배우면,
세상을 바라보는 눈이 달라진다.

22
예수님을 시험한 사단의 전략

예수님은 공생애를 시작하시기 전 40일 동안 금식을 하셨는데 이때가 육체를 가진 사람으로서 가장 연약할 때입니다. 사단은 비겁하게 바로 이때 예수님을 시험했던 것입니다.(눅 4:1-13) 우리는 여기에서 사단이 우리를 시험하는 요소들을 찾아볼 수 있습니다. 물질적인 것과 권력과 명예, 그리고 믿음에 대한 시험입니다. 그러나 우리는 여기에서 또 다른 사단의 전략을 발견할 수 있습니다.

첫째, 사단은 우리가 가장 약한 부분을 건드리며 시험합니다. 40일 금식 후에 먹을 것을 가지고 유혹 당하는 것은 견디기 힘든 유혹일 것입니다. 예수님이 하나님의 아들임을 분명히 알면서도 예수님이 아주 약해 있으니 그 부분을 공략한 것입니다. 생각할수록 사단은 나쁜 존재입니다.

둘째, 거짓 것으로 우리를 유혹합니다. 천하만국에 대한 권위와 영광은 말씀으로 천지를 창조하신 하나님의 것입니다. 그런데 사단은 자기 것 인양 보여주고 "네게 주겠다"라고 거짓말을 아무렇지도 않게 합니다. 거짓에 속아 넘어가게 되면 세상이 다 내 것이 될 것 같지만 오히려 하나님을 떠나게 되고 헛된 것을 좇는 삶으로 변하게 됩니다.

셋째, 놀랍게도 말씀을 가지고 우리를 유혹합니다. 마귀가 세 번째 예수님을 시험할 때 말씀을 가지고 시험하였습니다. 말씀의 주인되신 예수님을 사단이 말씀을 가지고 시험했다는 것은 우리가 말씀을 올바로 알지 못한다면 얼마든지 사단의 먹잇감이 될 수 있음을 깨닫게 해 줍니다.

넷째, 한두 번으로 포기하지 않습니다. 예수님에게 완패한 사단은 예수님을 떠납니다. 그러나 얼마 동안(눅 4:13)입니다. 그 후에도 제자들을 통하여, 수많은 사람들을 통하여, 아니면 직접적으로 예수님을 시험하였습니다.

사단은 과감하고 도도합니다. 하나님이신 예수님께 대드는 것을 보면 그렇습니다. 무저갱이 확정된 존재이기에 물불을 안 가리고 달려드는 것입니다. 그러니 연약한 사람들을 얼마나 만만히 볼까 생각해야 합니다. 다만 너무 두려워하지 않아도 됩니다. 우리에게는 우리의 연약함을 아시고 도우시는 성령님이 계시기 때문입니다.

예수님이 말씀으로 물리치셨음을 기억하고 내 안에 계신 성령님을 의지하며 말씀을 가까이하며 바로 알기에 힘쓸 때 우리는 사단의 전략을 능히 이길 수 있습니다.

"마귀의 간계를 능히 대적하기 위하여 하나님의 전신 갑주를 입으라" (에베소서 6:11)

23
회개에 합당한 열매

제가 안 믿는 사람들을 통하여 자주 들었던 말이 있습니다. "예수 믿는 사람들은 좋겠네, 죄를 아무리 많이 지어도 회개하면 그만이잖아!" 물론 이 말은 예수 믿는 사람들을 조롱하기 위한 말임을 잘 압니다. 그러나 한 번쯤은 새겨들어야 할 말이라고 생각합니다.

'회개'의 원어는 "마음이 변화하여 방향을 수정한다"는 의미를 가지고 있습니다. 죄에서 완전히 돌이켜 하나님께로 향하여 가는 것으로 회개에 합당한 열매(눅 3:8)를 맺어야 진정한 회개라고 말할 수 있습니다.

세례요한이 제일 먼저 외쳤던 복음이 "회개하라 천국이 가까웠느니라"(마 3:2)입니다. 이는 예수님도 동일하게 외친 말씀(마 4:17)입니다. 회개에 대한 메시지를 듣고 찾아온 이들에게 세례요한은 회개에 합당한 열매를 맺으라고 요구했습니다.(눅 3:8) 그리고 이들이 "우리가 무엇을 하리이까?" 질문했을 때 무리들에게는 나누는 삶을, 세리들에게는 정직한 삶을, 군인들에게는 권력 남용으로 이득을 취하지 말라고 권합니다.

진정한 회개란 변화된 삶을 통하여 믿음에 합당한 열매를 맺을 때 주께서 받으시는 회개라고 말씀하십니다. 세례요한은 삶의 변화가 없는 회개로 나오는 유대인들을 향하여 하나님은 돌들로도 아브라함의 후손이 되게 하실 수 있는 분임을 말하며 경각심을 심어주고 있습니다.

우리가 예수를 믿는다 하면서 열매 맺는 삶을 살지 못한다면 우리 또한 경각심을 가져야 할 것입니다. 자신의 죄를 깨닫고 자신에 대하여 실망하면 할수록 더욱 하나님의 은혜를 붙드십시오. 오늘 당신의 입에서 고백되는 회개가 삶의 새로운 모습으로 나타나길, 말로만이 아닌 삶으로 회개의 열매를 맺어가셔야 합니다.

"영혼 없는 몸이 죽은 것 같이 행함이 없는 믿음은 죽은 것이니라." (야고보서 2:26)

24
요한계시록은 무서운 책인가?

성경이 완성된 이후 이단들이 가장 많이 인용한 책을 꼽으라면 요한계시록이라 말할 수 있을 것입니다. 장차 일어날 일을 묵시로 기록된 책이기에 그럴 만도 합니다.

요한계시록을 기록할 당시 도미티아누스 황제가 로마제국을 황제숭배로 통일하려는 계획을 가지고 그리스도인들에게 엄청난 박해를 가해 왔습니다. 이때 고통받는 성도들을 위로하기 위하여 밧모섬에서 유배 생활을 하는 사도 요한에게 믿는 성도들만이 이해할 수 있도록 묵시의 말씀으로 주신 서신서가 계시록입니다.

계시록은 고난 가운데 있는 성도들을 향한 하나님의 사랑이 듬뿍 담겨있는 서신서입니다. 사도 요한을 사랑의 사도라 일컫는 것은 하나님의 사랑을 그 누구보다 정확하게 표현하고 있기 때문입니다.

"하나님은 사랑이시라" (요한일서 4:16)

요한이 받은 묵시에는 하나님께서 성도들의 고통을 외면하지 않으신다는 것과 예수님이 사망 권세를 이기셨으니 두려워하지 말라는 것, 종국에는 사단과 그 무리들을 심판하실 것을 말씀하십니다. 그리고 끝까지 견디는 자에게 지금까지 당했던 고난과 비교할 수 없는 영광과 상급을 주실 뿐만 아니라 하나님과 함께 영원한 하나님 나라에서 살게 하시겠다는 사랑의 메시지가 담겨져 있습니다.

요한계시록은 무서운 책이 아닙니다. 핍박받는 성도들을 향한 사랑의 메시지입니다. 묵시를 통해 하나님의 구원계획을 성도들에게 알려주심으로 그들을 위로하사 새 희망을 갖도록 하신 것입니다.

말씀을 이해하는 이들에게 하나님이 성도들을 얼마나 사랑
하시는지 느끼며 고난 가운데에서도 감사의 찬양을 드릴 수 있
도록 하신 것입니다.

"보라 하나님의 장막이 사람들과 함께 있으매 하나님이 그들
과 함께 계시리니 그들은 하나님의 백성이 되고 하나님은 친
히 그들과 함께 계셔서 모든 눈물을 그 눈에서 닦아 주시니
다시는 사망이 없고 애통하는 것이나 곡하는 것이나 아픈 것
이 다시 있지 아니하리니 처음 것들이 다 지나갔음이러라"

(요한계시록 21:3~4)

25
기도문 - 나는 무엇을 위해 믿는가?

주님, 나 자신의 잘됨과 나 자신의 목표를 이루기 위해서 예수님을 믿고 있다면 그 모든 것을 내려놓게 해주세요. 주님은 십자가를 지시려고 하시는데 제자들은 높은 자리에 오르기 위해서 싸우는 모습을 보게 됩니다. 혹여나 그런 모습이 나에게 있다면 용서하여 주시고 사라지게 해주세요. 그런 욕심을 쫓으면서 예수님을 믿었다면 다 내려놓고 순수하게 주님을 따르게 해주세요.

우리가 예수님을 믿는 것은 우리 죄의 문제를 해결하기 위함이지 세상의 욕망을 채우기 위함이 아님을 기억하게 해주세요. 순수한 믿음을 갖게 해주세요. 나의 죄를 용서하시기 위해 십자가를 향해 걸어가신 그 주님의 발걸음을 기억하는 믿음이게 해주세요. 그리하여 예수님을 점점 닮아가는 하나님의 자녀 되길 원합니다.

혹시나 예수님을 믿음으로 인하여 주어지는 고난이 있다면 사도바울처럼 달게 받을 수 있는, 감사하며 기쁨으로 감당할 수 있는 믿음의 사람 되게 해주세요.

언제나 교만하지 않게 하시고 겸손히 주께 감사하며
깨어있는 믿음의 사람 되게 하여 주세요.

26
흔들려서는 안되는 것

하나님 나라에는 변하지 않는 법칙이 있습니다. 죄가 조금이라도 있는 사람은 하나님 나라에 들어올 수 없다는 것입니다. 하나님은 죄가 없으신 분이기에 죄를 지은 사람은 들어 갈 수 없는 것입니다. 그런데 안타깝게도 사람들은 사단의 꾀임에 빠져 죄를 아주 쉽게 지으며 살고 있습니다. 결국 이 문제를 해결하시기 위해 예수님은 기꺼이 인간의 몸으로 이 땅에 오셨고 화목제물로 자신을 바치셨습니다.

예수님의 죽으심은 그를 믿는 모든 이들에게 죄 사함이라는 사면권과 더불어 하나님의 자녀가 되는 특권까지 부여해 주셨

습니다.(요 1:12)

> "우리가 아직 죄인 되었을 때에 그리스도께서 우리를 위하여
> 죽으심으로 하나님께서 우리에 대한 자기의 사랑을 확증하
> 셨느니라." (로마서 5:8)

이것이 복음입니다. 이 복음은 결코 흔들려서는 안되는 것
입니다. 인생에는 다양한 바람이 불어옵니다. 이 바람을 맞으
며 우리의 믿음이 어느 정도 흔들릴 수는 있습니다. 그래서 믿
음의 성장을 그래프로 그린다면 직선이 아닌 굴곡진 선이 되는
것입니다.

하지만 복음은 결코 흔들려선 안됩니다. 마치 바람이 불면
나뭇가지는 흔들려도 견고한 뿌리가 나무를 잡아주는 것처럼,
불어오는 세상 풍파에 믿음이 흔들려도 견고한 복음은 믿음이
넘어지지 않도록 잡아 줍니다.

혹시 누군가 우리에게 다가와서 "당신 지금 죽으면 바로 천
국 갈 수 있습니까?"라고 질문한다면 고민할 필요 없이 "예"라
고 답해야 합니다. 우리가 거룩하게 살아서 구원을 받거나 믿

음이 좋아서 구원받는 것이 아니라 예수님이 복음을 선물로 주셨기 때문입니다. 그렇기 때문에 믿음은 잠시 흔들릴 수 있으나 우리가 받은 복음은 결코 흔들려서는 안됩니다.

"너희는 그 은혜에 의하여
믿음으로 구원을 받았으니 이것은 너희에게서
난 것이 아니요 하나님의 선물이라." (에베소서 2:8)

27
끝까지 쓰임 받으려면

　하나님은 사람과 다릅니다. 사람이 결심을 하고 계획을 세워도 유한한 존재이기에 원하는 대로 이룰 수 없지만 하나님은 계획하신 모든 것을 이루시는 분입니다. 구약에는 하나님께서 인류를 구원하고자 메시야를 준비하는 예언이 무수히 많이 나옵니다. 그리고 예언대로 예수님은 이 땅에 오셨고, 한 치의 오차도 없이 구원을 이루셨습니다.

　예수님이 예루살렘 입성하실 때 종교지도자들은 사람들이 소리지르지 못하게 하라고 예수님께 항의합니다. 이때 예수님이 무서운 말씀을 주십니다.

"만일 이 사람들이 침묵하면 돌들이 소리 지르리라" (누가복음 19:40)

하나님께서 인류를 구원할 프로젝트가 절정을 향하여 가는 중이기 때문에 이 일을 이루시기 위해서는 돌들이라도 사용하신다는 무서운 말씀입니다. 하나님의 계획은 어느 누구도 중단시킬 수 없습니다. 예수님은 십자가상에서 모든 것을 완성하시고 외치셨습니다.

"다 이루었다" (요한복음 19:30)

지금 내가 하나님의 일을 조금이라도 감당하고 있다면 교만해서는 안되는 이유가 여기 있습니다. 세상을 향한 나의 정욕과 욕망을 좇다 보면 나도 모르게 불순종의 길을 걷게 됩니다. 당시 종교 지도자들이었던 바리새인들은 누구보다 하나님을 잘 믿는 것처럼 보였지만 겉과 속이 다른 그들을 예수님은 책망하셨습니다.

"불법을 행하는 자들아 내게서 떠나라" (마태복음 7:23)

하나님은 내가 아니더라도 얼마든지 다른 사람을 통하여 일을 이룰 수 있는 분이십니다.

"일을 행하시는 여호와, 그것을 만들며
성취하시는 여호와, 그의 이름은 여호와라" (예레미야 33:2)

내가 가진 교만과 정욕과 욕망 때문에 하나님께 불순종한다면 돌들에게 우리의 자리를 내어주게 될 것입니다. 그러나 주님의 청지기로 쓰임 받고 있음에 감사하며 겸손히 맡겨진 일을 감당한다면 주님은 더 놀라운 일을 우리에게 맡기실 것이고 우리를 통해 그 일을 이루실 것입니다.

28
부인할 수 없는 예수님의 죽음과 부활

부활절은 매년 찾아오지만 그때마다 부어주시는 주님의 은혜는 참으로 놀랍습니다. 지금도 수많은 믿음의 사람들이 부활의 주님을 만나고 있기 때문입니다.

일반적으로 사람이 2L의 피를 흘리면 과다출혈로 사망한다고 합니다. 예수님은 채찍에 맞으실 때 이미 많은 피를 흘린 상태였고 팔과 다리에 박힌 못은 많은 피를 쏟게 했습니다. 한 군인의 창이 예수님의 옆구리를 찔러 물과 피를 쏟게 한 것은 확인 사살입니다.

이러한 예수님의 죽음은 인간의 모든 죄를 사하기 위한 필연적 과정이고 하나님과 인간 사이에 막힌 담을 허무는 화목제의 제물이었습니다. 그래서 우리는 예수님의 십자가의 죽음을 '사랑의 결정체'라고 말하는 것입니다.

> "사랑은 여기 있으니 우리가 하나님을 사랑한 것이 아니요 하나님이 우리를 사랑하사 우리 죄를 속하기 위하여 화목 제물로 그 아들을 보내셨음이라" (요한일서 4:10)

이렇게 예수님은 죽으셨고 삼 일 만에 부활하셨습니다. 예수님이 죽으실 때 일어났던 급격한 자연의 변화는 로마 사람 백부장도 떨게 만들었고 예수를 십자가에 못 박으라고 외쳤던 사람들 조차 가슴을 치며 돌아가게 했습니다.(눅 23:48)

이는 50여 일이 지난 뒤, 베드로가 예수의 죽으심과 부활을 선포했을 때에 한꺼번에 3,000명 이상이 회개하고 세례를 받는 사건을 일으켰습니다. 이 일이 가능했던 이유는 이들이 예수님의 죽음을 분명히 목격했었고 그 일이 잘못된 것임을 느꼈다는 것이고, 예수님의 부활을 본 이들이 수백 명을 넘었기에 가능한 일입니다.(고전 15:4~8)

뿐만 아니라 예수님의 부활 사건은 가롯 유다를 제외한 예수님의 모든 제자들이 한결같이 죽음을 두려워하지 않고 부활의 예수님을 전하다가 순교했다는 것입니다. 만약 부활이 거짓이라면 예수님을 따르던 이들이 어찌 죽음을 두려워하지 않고 부활의 예수님을 전할 수 있었을까요? 한두 명은 그럴 수 있어도 모두가 죽음을 불사한 것은 부활이 사실이기 때문입니다.

오늘날에도 부활의 주님을 직접 경험하고 자신의 유익을 구하는 삶이 아니라 자신을 아끼지 않고 하나님 앞에 헌신의 삶을 드리는 이들이 많이 있습니다. 예수님의 죽음과 부활은 '부인할 수 없는 사실'입니다. 이 사실을 믿는 자에게는 생명과 소망이 주어집니다. 예수님의 부활을 경험한 이들은 지금도 부활의 증인으로 살아가고 있습니다.

"그의 많으신 긍휼대로 예수 그리스도를
죽은 자 가운데서 부활하게 하심으로 말미암아 우리를
거듭나게 하사 산 소망이 있게 하시며." (베드로전서 1:3)

29
무명한 자 같으나 유명한 우리!

세상의 법칙과 하나님의 법칙은 반대일 경우가 많습니다. 세상은 자신을 알려야 성공할 수 있다고 하는데 하나님은 자신을 낮추고 남을 높이라고 말씀하십니다. 세상은 어느 정도 이기적이어야 살아갈 수 있다고 하는데 하나님은 이타적인 삶을 말씀하십니다.

세상은 보여지는 것이 중요하다고 하는데 하나님은 겉과 속이 동일해야 한다고 말씀하십니다. 세상은 부자가 되기 위해 기를 쓰고 모으라 하는데 하나님은 자기보다 못한 자를 돌아보고 나누라고 말씀하십니다.

세상은 원수를 혐오하는 것이 당연하다지만 하나님은 원수를 사랑하라고 말씀하십니다. 그리고 원수 사랑을 몸소 보여주셨습니다.

"그는 우리의 화평이신지라 둘로 하나를 만드사 원수 된 것
곧 중간에 막힌 담을 자기 육체로 허시고" (에베소서 2:14)

바울은 세상의 원리를 경험하고 하나님의 원리를 경험한 후 자신이 가진 세상의 원리를 버렸습니다. 최고의 학문과 명예와 권력을 쥐고 있었던 엄친아 바울은 자신이 제일 잘난사람이라 생각했었습니다. 그러나 예수님을 만난 후에는 지금까지 쌓은 모든 학문과 명예와 권력을 배설물처럼 여겼다고 고백(빌 3:8)합니다. 그리고 자신이 만난 예수를 전하기 위해 인생 전부를 바쳤습니다.

"살든지 죽든지 내 몸에서 그리스도가 존귀하게 되게 하려
하나니 이는 내게 사는 것이 그리스도니 죽는 것도 유익함이
라" (빌립보서 1:20-21)

그리고 예수를 만난 우리의 삶도 무명한 자 같으나 유명한

자로 살기를, 없는 자 같으나 모든 것을 가진 자로 삶으로 세상
과 달라야 함을 요구합니다.

> "우리는 속이는 자 같으나 참되고 무명한 자 같으나 유명한
> 자요 죽은 자 같으나 보라 우리가 살아있고 징계를 받는 자
> 같으나 죽임을 당하지 아니하고 근심하는 자 같으나 항상 기
> 뻐하고 가난한 자 같으나 많은 사람을 부요하게 하고 아무
> 것도 없는 자 같으나 모든 것을 가진 자로다" (고린도후서 6:8-
> 10)

30
나는 아무것도 아닙니다

모세는 하나님의 돌보심 가운데 죽음을 면하고 이집트 공주의 아들로 자랄 수 있었습니다. 당대 최고의 학문과 무예를 배우며 자기 나름대로 고난받고 있는 민족을 위해 일해야겠다는 마음을 먹고 움직였지만, 그의 계획은 틀어지고 도망자 신세가 되었고 이집트를 떠나 미디안 광야에서 살게 되었습니다.

그곳에서 양을 치며 평범하게 살아가는 동안 민족을 위해 일하겠다는 각오는 사라지고 어느덧 80세 노인이 되어버립니다. 바로 이때 하나님은 떨기나무 아래에서 그를 부르셨습니다. 초라한 노인으로 무능력하게 살아가고 있는 모세를 하나님은 부르시어 설득하시고 능력을 주십니다. 그리고 그를 통해 민족 대 이동을 이루셨습니다. 모세가 혈기 왕성했을 때 부르셨다면 하나님의 계획은 실패했을 확률이 큽니다. 그러나 우리가 다 아는 한가지 사실, 하나님은 결코 실패가 없으신 분이라는 것입니다.

'내가 어느 정도 능력이 있기에 하나님께 쓰임 받는 것'이라 자만할 때에 하나님은 우리를 부르시지 않습니다. 이런 모습은 사탄에게 쓰임 받기 딱 좋은 모습입니다. 모세는 나이 40이 되었을 때 '내가 일할 때'라고 생각했지만 하나님의 때는 그의 육체가 쇠하여지고 욕망이 사그라진 노인의 때였습니다.

아무 것도 못할 것 같은 모세에게 하나님은 큰 힘이 되는 말씀을 주셨습니다.

"하나님이 이르시되
내가 반드시 너와 함께 있으리라" (출애굽기 3:12)

하나님은 내가 능력이 많다고 생각하고 뭔가 할 수 있다고 자만할 때는 가만히 계십니다. 모세를 40년 동안 기다리신 것처럼 '하나님 없이 나는 아무것도 아니라'고 고백할 때까지 하나님은 기다리십니다. 우리가 주님 없이는 아무것도 아님을 느낄 때 주님은 능력의 팔로 우리를 들어 사용하십니다. 하나님이 우리와 함께 하시면 우리에게는 불가능이란 없습니다.

모세가 하나님 앞에 나와 신발을 벗은 것처럼 내 안에 치렁치렁 걸려있는 모든 교만한 장식품들을 하나님 앞에 내려놓고 고백하셔야 합니다. 하나님 없이 나는 아무것도 아닙니다.

"나는 여호와요 모든 육체의 하나님이라
내게 할 수 없는 일이 있겠느냐" (예레미야 32:27)

31
구약과 신약에 표현된 복의 차이

동서양을 떠나 모든 사람들은 복을 좋아합니다. 우리가 신앙생활을 할 때에도 복에 대한 부분은 배제할 수 없습니다. 그런데 성경을 조금 자세히 읽다보면 복을 받는다는 개념에 있어서 구약과 신약이 완전히 다르다는 것입니다.

구약에서는 하나님을 잘 믿으면 다 복을 받고 부자가 되고 땅에서 잘됩니다. 그런데 신약에서는 오히려 예수를 믿음으로 인해 핍박받고, 고난받고, 경제적으로도 힘들어집니다. 예수님을 따랐던 수많은 제자들과 바울도 한결같이 믿음을 지키기 위해서 힘들게 살다가 순교 당하거나 비참한 최후를 맞이했습니다. 무슨 차이일까요?

우리가 성경을 집약해서 한마디로 말한다면 구약은 장차 오실 메시야 예수, 신약은 이 땅에 오신 메시야 예수입니다. 구약은 인간이 죄를 해결하기 위해 메시야를 이 땅에 보내기로 약속 하셨음을 사건 사건마다 보여주는 기록들이 가득합니다.

"이에 모세와 모든 선지자의 글로 시작하여
모든 성경에 쓴 바 자기에 관한 것을 자세히 설명 하시니라"
(누가복음 24:27)

이들에게 있어서 완전한 속죄는 먼 미래의 약속일 뿐입니다. 그래서 사람들은 아직 이루어지지 않은 언약을 바라보는 표징으로 땅에서 잘되고 복받는 모습이 나타나는 것입니다.

때가 차매 하나님은 약속대로 예수님을 이 땅에 보내셔서 율법을 완성하실 뿐만 아니라 구약의 모든 약속을 성취하셨습니다.(히 9:15) 예수께서 단번에 드리는 제사로 이 모든 것을 완성하셨습니다.(히 10:10)

"내가 진실로 진실로 너희에게 이르노니 내 말을 듣고 또 나 보내신 이를 믿는 자는 영생을 얻었고 심판에 이르지 아니하나니 사망에서 생명으로 옮겼느니라" (요한복음 5:24)

이제는 누구든지 예수를 믿으면 이미 영생을 얻게 된 것입니다. 구약에 있는 성도들은 메시야가 오시기 전이라 약속을 보여줄 현세의 복이 필요하지만 신약에서는 예수님이 완성해 놓으신 영생의 복을 믿음으로 이미 받은 것입니다. 이제는 우리의 초점을 사도바울이 고백한 것처럼 이 세상에서 받는 복에 두는 삶이 아니라 하나님 나라 시민권자의 삶을 추구하는데 맞춰야 합니다.

"푯대를 향하여 그리스도 예수 안에서 하나님이 위에서 부르신 부름의 상을 위하여 달려가노라" (빌립보서 3:14)

하나님은 예수를 믿어 천국 시민된 우리를 지키시며 저 천국에 이르도록 보호하신다고 약속하셨습니다.

"누가 우리를 그리스도의 사랑에서 끊으리요 환난이나 곤고나 박해나 기근이나 적신이나 위험이나 칼이랴. 높음이나 깊

음이나 다른 어떤 피조물이라도 우리를 우리 주 그리스도 예
수 안에 있는 하나님의 사랑에서 끊을 수 없으리라" (로마서
8:35-39)

32
사람을 통해 일하시는 하나님

하나님이 천지를 창조하시고 제일 나중에 사람을 창조하셨습니다. 마지막에 창조된 사람은 모든 피조물과 비교할 수 없을 정도로 우월한 존재입니다. 하나님의 형상을 따라 창조된 존재이기 때문입니다.

"하나님이 이르시되 우리의 형상을 따라 우리의 모양대로 우리가 사람을 만들고 그들로 바다의 물고기와 하늘의 새와 가축과 온 땅과 땅에 기는 모든 것을 다스리게 하자 하시고" (창세기 1:26)

하나님은 사람들에게 모든 피조물들을 다스리는 권세와 땅에 충만하고 땅을 정복할 수 있는 능력도 주셨습니다. 비록 아담과 하와가 죄를 지음으로 많은 것을 상실했지만 여전히 우리는 하나님께 특별한 존재들입니다.

그러므로 우리가 가지고 있는 모든 것은 하나님이 우리에게 전적으로 일임한 것이기에 내 것이 아닌 '하나님의 것'이라는 청지기 의식을 가져야 합니다. 우리를 청지기로 세우신 하나님은 자신의 뜻을 이루실 때에도 청지기인 사람들을 통해서 일하십니다.

출애굽 당시를 생각해 보더라도 하나님 스스로 모든 일을 행하실 수 있었으나 항상 모세를 불러 자세히 설명하시고 때론 설득도 하시고 꾸짖기도 하셨습니다. 그리고 모세가 순종할 때 그를 사용하시어 출애굽을 이루신 것입니다.

홍해를 가르신 것도, 반석에서 물을 내신 것도 하나님이 하셨지만 모세가 손을 들었을 때 홍해가 갈라졌고 모세가 반석 위에 지팡이를 가리킬 때 물을 내게 하셨습니다. 홍수로 세상을 심판하실 때에도 하나님은 노아를 선택하시고 그에게 하나님의 계획을 자세히 설명해 주신 후, 순종하는 노아를 통해 일하셨습니다. 여리고를 무너뜨리신 것도 하나님이 하셨지만 여호수아와 이스라엘 백성이 순종하였을 때 하나님은 그 일을 행하셨습니다.

성경 전체를 살펴보아도 하나님은 항상 사람들을 통하여 놀라운 일들을 행하시고 하나님 나라를 완성해 가셨습니다. 하나님은 지금도 우리를 통해 일하기 원하십니다. 믿음의 선진들이 말씀에 순종할 때 그들을 사용하셔서 역사를 써 내려 가셨듯이 지금도 순종하는 자를 찾고 계십니다.

"믿음으로 아브라함은 부르심을 받았을 때에 순종하여 장래의 유업으로 받을 땅에 나아갈새 갈 바를 알지 못하고 나아갔으며 이는 그가 하나님이 계획하시고 지으실 터가 있는 성을 바랐음이라." (히브리서 11:8,10)

33
죽음 앞에서도 당당한 이유

남유다가 멸망에 가까울 시기에 하나님의 명을 받아 부지런히 "여호와께 돌아오라"고 선포했던 예레미야 선지자가 있었습니다. 당시 이스라엘 백성들은 하나님을 예배하기 위해 성전에 모였지만 하나님은 그들의 예배를 받지 않으셨습니다. 그들의 행위가 악했기 때문이죠.

성전에 모인 이들에게 예레미야는 하나님께서 이 성전을 헐어버리시고 너희를 멸망시키실 것이라 선포하십니다. 이들은 귀에 거슬리는 소리를 하는 선지자 예레미야를 죽이려 했지만 그는 아랑곳없이 더욱 당당하게 외쳤습니다.

"보라 나는 너희 손에 있으니 너희 의견에 좋은 대로, 옳은 대로 하려니와 너희는 분명히 알아라 너희가 나를 죽이면 반드시 무죄한 피를 너희 몸과 이 성과 이 성 주민에게 돌리는 것이니라." (예레미야 26:14~15)

놀랍게도 예레미야를 죽이려 했던 이들은 제사장들과 선지자들이었습니다. 하나님의 말씀에 순종하기보다 사람들이 좋아하는 말을 선포하고, 하나님의 일을 하는 직분이 세상을 살아가는 밥벌이에 불과한 그들에겐 하나님의 말씀이 없었습니다. 공의의 하나님께서 이스라엘을 멸망시키기로 작정하실 수밖에 없도록 만든이들은 부패한 가르침과 행동으로 일관한 종교 지도자들이었습니다.

이러한 상황 속에서도 말씀에 깨어있던 예레미야는 하나님께 쓰임 받았고 그들의 위협 속에서도 당당할 수 있었습니다. 하나님이 그와 함께 하심을 알았기에 죽음의 위협에서도 당당할 수 있었던 것입니다.

하나님이 우리에게 요구하시는 믿음은 하나님이 우리와 함께 계심을 아는 믿음입니다. 취미생활 중 하나로 치부하는 종교생활이 아닙니다. 수많은 믿음의 선진들이 어떠한 시련에도 당당할 수 있었던 것은 세상을 다스리시는 하나님이 그들의 하나님이심을 아는 믿음이었습니다.

"하나님의 성전과 우상이 어찌 일치가 되리요 우리는 살아 계신 하나님의 성전이라 이와같이 하나님께서 이르시되 내가 그들 가운데 거하며 두루 행하여 나는 그들의 하나님이 되고 그들은 나의 백성이 되리라." (고린도후서 6:16)

34
내가 원하는 응답이 아닐 때

하나님께 응답을 구하며 간절히 기도하는데 내가 원하는 응답이 아닐 때, 무시한 적이 있지 않으신가요?

남유다가 멸망할 당시 이런 일이 있었습니다. 바벨론이 두려워 애굽으로 피신하려던 사람들은 예레미야를 찾아 하나님의 뜻을 물으며 어떤 응답에도 순종하며 따르겠다고 다짐합니다. 예레미야는 애굽으로 가지 말라는 하나님의 뜻을 그들에게 일러주지만 그들은 예레미야가 거짓말을 한다며 약속과 달리 하나님의 뜻을 부인하고 오히려 예레미야를 끌고 애굽으로 향합니다.(렘 42-43)

이들은 하나님의 뜻을 알기보다 자신들의 뜻을 인정받고 싶었던 것입니다. 결국 자신들이 원하던 길을 선택했던 그들은 예레미야의 예언대로 전쟁과 기근에 계속 시달리게 됩니다. 지금도 많은 믿음의 사람들이 기도의 목적을 하나님의 뜻이 아닌 자신의 뜻을 이루는데 두고 있습니다.

예수님은 십자가를 지셔야 하는 순간이 다가왔을 때 땀방울이 핏방울로 변하는 극심한 스트레스 가운데에서도 자신의 뜻을 내려놓는 기도를 간절히 드리셨습니다.

"내 아버지여 만일 할 만하시거든 이 잔을 내게서 지나가게 하옵소서 그러나 나의 원대로 마시옵고 아버지의 원대로 하옵소서" (마태복음 26:39)

그리고 예수님은 아버지의 뜻대로 십자가의 길을 걸어가셨던 것입니다. 내 뜻을 관철시키기 위해 기도하며 내가 원하는 것을 따라 산다면 우리는 예레미야에게 왔던 사람들과 똑같은 행동을 하고 있는 것입니다.

기도는 내가 연약한 존재임을 인정하고 전능하신 하나님의

뜻을 알아가는 것입니다. 내 생각, 내 욕심 다 내려놓고 하나님
의 뜻을 구하고 거기에 순종하는 것이 진정한 기도자의 태도입
니다.

"그러므로 너희는 이렇게 기도하라

하늘에 계신 우리 아버지여 이름이 거룩히 여김을 받으시오

며 나라가 임하시오며 뜻이 하늘에서 이루어진 것 같이

땅에서도 이루어지이다." (마태복음 6:9-10)

35
원석을 만나 보석으로

건전한 가정을 만들어 귀감이 된 어느 연예인이 결혼을 말하며 "원석을 만나 보석을 만들어가는 과정"이라는 명언을 남긴 적이 있습니다. 예수님을 믿는 그분의 생각이 지극히 성경적임을 느끼며 감사했습니다.

원석은 가공하지 않으면 일반 사람들에게는 평범한 돌로 보여 집니다. 그러나 가공 되어진 원석은 누구나 탐하는 보석이 됩니다. 우리가 예수님을 믿는 것은 순전히 하나님의 은혜입니다. 보석같은 존재라서 부른 것이 아니고 아무도 알아주지 않는 흔한 돌 같지만 다듬고 다듬어 보석으로 만들기 위해서 부르신 것입니다.

지금은 비록 다듬어지는 중이라 거친 부분도 있고 모난 부분도 있지만 하나님은 원석같은 우리를 결국 보석으로 만들어 주실 것입니다. 지금 나 자신의 모습에 실망하지 마시고 전능자께서 나를 다듬고 계심을 깨닫고 멋진 보석이 되어 하나님 앞에 서게 될 그날을 기대하며 다듬어지는 시간을 견뎌내셔야 합니다.

"내가 가는 길을 그가 아시나니 그가 나를 단련하신 후에는
내가 순금 같이 되어 나오리라." (욥기 23:10)

보석에 빛을 비추게 되면 보석은 그 빛을 더욱 아름답게 다른 곳으로 비춰주는 것처럼 빛되신 주께서 사랑의 빛으로 우리에게 비추셨으니 그 빛을 더 많은 사람에게 더욱 아름답게 비추는 것이 보석이 되어가는 우리가 할 일입니다. 그리고 그 일이 하나님의 일입니다.

"미리 정하신 그들을 또한 부르시고
부르신 그들을 또한 의롭다 하시고 의롭다 하신

그들을 또한 영화롭게 하셨느니라." (로마서 8:30)

36
생명의 신비

딸이 둘째를 갖게 되어 함께 병원을 갔는데 6주 되었다는 소식과 함께 태아의 심장소리를 들을 수 있게 되었습니다. 태아의 심장소리가 우렁차게 들렸는데 태아의 크기가 0.65cm라 합니다. 더욱 놀란 것은 심장이 움직이기 위해서는 뇌가 먼저 만들어 진다는 것입니다. 저절로 숙연해 집니다. 하나님의 창조물에 감탄을 하며 창조주 하나님을 찬양할 수 밖에 없었습니다.

"주께서 내 내장을 지으시며
나의 모태에서 나를 만드셨나이다" (시편 139:13)

인간의 과학이 아무리 발달된 다 한들 무에서 유를 창조하지는 못합니다. 복제 할 수는 있어도 생명 자체를 탄생시킬 수는 없습니다. 오직 창조주만이 가능한 일입니다.

"집마다 지은 이가 있으니
만물을 지으신 이는 하나님이시라" (히브리서 3:4)

그런데도 사람들은 '우연'이란 단어를 사용하여 창조주 하나님을 인정하려 들지 않습니다. '생명이 무생물에서 오랜 시간을 걸쳐 저절로 발생 되었다'는 자연발생설은 파스퇴르의 실험에 의해 사실이 아님이 밝혀졌습니다. 파스퇴르의 실험으로 생명은 오로지 생명에서만 발생함을 증명해 준 것입니다.

건축을 계획하고 건축허가를 맡으려면 기본적으로 설계도면이 있어야 합니다. 이와같이 우리 인간의 몸에도 설계도면이 존재할 것입니다. 그것을 우리는 DNA라고 부릅니다.

사람의 유전정보를 담고 있는 DNA는 1개의 길이가 2m로 모두 연결하면 지구를 240만 번 돌 수 있다고 합니다. 이 정보를 빼곡히 글로 쓰게 된다면 A4용지로 300m나 쌓이는 양이라

합니다. 믿어지지 않는 분량이라 여러 곳을 찾아보았지만 사실임을 확인할 수 있었습니다.

우리를 지으신 하나님의 솜씨가 얼마나 신비롭고 정교한지 보여줄 뿐만 아니라 창조주가 계심을 부인할 수 없도록 하셨습니다.

"창세로부터 그의 보이지 아니하는 것들 곧 그의 영원하신
능력과 신성이 그가 만드신 만물에 분명히 보여 알려졌나니
그러므로 그들이 핑계하지 못할지니라" (로마서 1:20)

6주된 태아의 심장박동 소리는 생명의 신비를 보여주시는 창조주 하나님의 작품이기에 살아계신 하나님을 찬양할 수 밖에 없습니다. 우리를 지으신 하나님을 인정할 때 우리는 그분과 함께 걸을 뿐 아니라 그분의 인도하심을 받으며 사는 특권을 누리게 됩니다.

"너는 범사에 그를 인정하라
그리하면 네 길을 지도하시리라" (잠언 3:6)

37

시험과 유혹이 다가올 때

스데반 집사가 순교 당한 뒤에 예루살렘 교회에 큰 핍박이 일어나 많은 성도들이 여러 곳으로 흩어졌습니다. 고향을 떠나 타지 또는 타국에서 새롭게 자리를 잡는다는 것은 쉬운 일이 아니었습니다. 예수를 믿는 다는 이유만으로 당시 성도들은 이러한 핍박을 감수해야 했습니다.

그리고 어느 정도 자리를 잡을 즈음에 네로황제가 로마시에 불을 지른 후 배후세력으로 기독교인들을 지목하는 바람에 어느 곳을 가든지 기독교인이라는 이유만으로 박해를 받는 상황이 되어버렸습니다. 장로 야고보는 이렇게 어려운 상황에 있는 성도들을 권면하기 위해 편지를 쓰면서 가장 먼저 언급한 내용이 시험을 기쁘게 여기라는 것입니다.

> "내 형제들아 너희가 여러 가지 시험을 당하거든 온전히 기쁘게 여기라 이는 너희 믿음의 시련이 인내를 만들어 내는 줄 너희가 앎이라" (야고보서 1:2~3)

여기에서 시험이란 단어는 유혹이나 도전, 실험 등으로 사용될 수 있지만 뒤에 나오는 시련은 증명과 시험에만 사용되는 단어입니다. 이는 유혹이든 테스트이든 상관없이 내게 닥쳐온다면 기쁘게 여기라는 것입니다. 시험을 이겨낼 때마다 나의 신앙은 더욱 성장하여 예수님의 인내에까지 이를 수 있기 때문입니다.(살후 3:5)

공중권세 잡은 사단이 활동하는 이 세상에서 하나님의 자녀인 우리가 살아갈 때 시험을 겪는 것은 피할 수 없습니다. 이 시험이 '유혹'인가 '테스트'인가를 구분하는 것보다 더 중요한 일은 시험 가운데 인내를 배울 수 있는 지혜를 하나님께 구하는 것입니다.

시험당할 때 기도하지 않는 것은 이미 두 마음을 품고 있다는 증거입니다. '내게 시험이 없게 해 주세요'라는 기도보다 시험을 이길 수 있는 지혜를 구할 때 하나님은 그 기도에 응답하십니다.(약 1:5) 하나님은 우리가 연약한 존재임을 아시고 우리를 도우시기를 원하십니다.

"자기가 시험을 받아 고난을 당하셨은즉
시험 받는 자들을 능히 도우시느니라" (히브리서 2:18)

38
믿음은 행함과 분리될 수 없습니다

제가 신학교 다닐 때 교수님이 내준 숙제가 기억납니다. 다음의 두 성구를 비교 연구하라는 것입니다.

"오직 의인은 믿음으로 말미암아 살리라" (로마서 1:17)

"사람이 행함으로 의롭다 하심을 받고
믿음으로만은 아니니라" (야고보서 2:24)

어찌 보면 상반된 말씀 같습니다. 그러나 로마서와 야고보서의 배경을 알고 연구해 보면 동일한 말씀임을 깨닫게 됩니다.

바울은 자신이 자랑스럽게 생각했던 모든 학문들이 예수님을 만나고서 얼마나 하찮은 것인지 깨닫게 되었습니다. 우리의 착한 행실과 율법의 행위로는 그 누구도 구원받을 수 없다는 것과 오직 십자가에 죽으신 예수님을 믿는 믿음으로만 우리의 죄가 사함 받고 구원 얻을 수 있음을 알게 되었던 것입니다.

하나님의 은혜로 우리가 예수님을 믿게 되면 내 안에 놀라운 변화가 일어납니다. 이는 성령께서 나와 함께 동행 하신다는 것입니다. 우리와 동행하시는 성령님으로 인해서 우리는 자연스럽게 성령의 열매를 맺으며 살게 됩니다. 왜냐하면 예수님을 믿음으로 우리의 죄된 몸이 이미 십자가에 못 박히고 새사람을 입었기 때문입니다.

성령의 열매를 맺는 삶은 육체를 좇지 않기 때문에 이기적이지도 않으며 세상의 빛과 소금이 되는 삶을 살게 됩니다. 나를 구원하기 위해 흘리신 예수님의 보혈은 값으로 계산할 수 없는 큰 은혜와 사랑이기에 받은 은혜와 사랑을 우리도 흘려보내야 합니다.

내가 믿음이 있다고 말하면서 내 안에 계신 성령님과 무관한 생활을 한다는 것은 불가능합니다. 그렇기 때문에 믿음과 행함은 분리해서 볼 수가 없습니다. 믿음이 있다면 행함은 자연스럽게 흘러나오게 되어 있습니다.

만약 믿음이 있노라 하면서 나의 삶이 옛사람의 모습 그대로라면 우리는 하나님의 백성된 삶이 아닌 나의 만족과 유익을 위한 믿음 없는 삶을 사는 것입니다.

"이와 같이 행함이 없는 믿음은
그 자체가 죽은 것이라." (야고보서 2:17)

39
청년의 때, 창조주를 기억하라

하나님의 말씀은 우리의 인생이 얼마나 빠른지 말씀해주고 있습니다.

"우리의 연수가 칠십이요 강건하면 팔십이라도

그 연수의 자랑은 수고와 슬픔뿐이요

신속히 가니 우리가 날아가나이다" (시편 90:10)

"인생은 그 날이 풀과 같으며

그 영화가 들의 꽃과 같도다" (시편 103:15)

새싹이 나고 자라며 아름다운 꽃을 피우지만 영원하지 않습니다. 겨울이 오면 시드는 것처럼 어느 순간 우리도 지팡이를 의지하고 주님의 부르심을 기다릴 때가 옵니다. 솔로몬이 하나님을 떠나 인간이 추구하는 모든 욕망과 쾌락을 좇아 살다가 느지막이 돌아와 이렇게 고백합니다.

"그 후에 내가 생각해 본즉 내 손으로 한 모든 일과 내가 수고한 모든 것이 다 헛되어 바람을 잡는 것이며 해 아래에서 무익한 것이로다" (전도서 2:11)

하나님 없는 삶이 헛되다는 것을 깨달은 솔로몬은 결론부에서 창조주를 기억하라고 권면합니다.

"너는 청년의 때에 너의 창조주를 기억하라
곧 곤고한 날이 이르기 전에, 나는 아무 낙이 없다고 할 해들이 가깝기 전에 해와 빛과 달과 별들이 어둡기 전에, 비 뒤에 구름이 다시 일어나기 전에 그리하라" (전도서 12:1~2)

세상의 가치관과 기준은 변합니다. 그러나 하나님의 말씀은 영원합니다. 신속히 날아가는 인생을 살면서, 변화하는 세상을 따라잡기 위해 나의 삶을 투자하기 보다 영원히 변하지 않는 하나님의 말씀을 기준으로 삼아 달려간다면 빠른 세월이라 한탄하지 않고 소망과 희망을 가지며 웃을 수 있을 것입니다.

"풀은 마르고 꽃은 시드나

우리 하나님의 말씀은 영원히 서리라." (이사야 40:8)

40
하나님의 본심

구약 39권 중 17권이나 되는 선지서의 흐름은 죄를 짓는 이스라엘 백성들을 향한 하나님의 경고와 징계, 그리고 회복이 나옵니다. 글을 읽다 보면 하나님께서 선택하신 백성을 심판하시는 모습이 무섭기도 합니다. 그러면서 우리는 심판의 하나님을 떠올립니다. 하지만 하나님께서 이스라엘 백성들이 죄 가운데에서 돌아오도록 얼마나 많은 노력을 하셨는지 알게 되면 놀라게 될 것입니다. 하나님은 에스겔 선지자를 통하여 '하나님의 본심'을 보여주셨습니다.

"나는 악인이 죽는 것을 기뻐하지 아니하고 악인이 그의 길

에서 돌이켜 떠나 사는 것을 기뻐하노라." (에스겔 33:11)

정의와 공의의 하나님은 죄에 묻혀 회개하지 않는 이들을 심판하지 않을 수 없었던 것입니다. 아무 공로 없이 받은 우리의 구원도 예수님이 우리의 죄를 대신해서 심판을 받으셨기 때문에 가능한 것이었습니다.

공의의 하나님은 선민을 심판하지 않으시려고 수많은 선지자들을 보내어 악한 길에서 떠나라고 외치게 했지만 그때마다 외면 당하셨습니다. 이러한 모습은 수천 년이 지난 지금도 그대로 재현되고 있는 듯합니다. 많은 사람들이 하나님을 믿는다고 말하며 입으로는 사랑을 말하지만, 마음에는 탐욕을 추구합니다.(겔 33:31)

은혜로운 말씀을 찾아 듣지만 내 마음을 충족시킨 것으로 끝납니다. 삶에 변화를 추구하지 않습니다. 왜냐하면 말씀을 현실 속에 적용할 때 다가오는 여러 가지 불이익이 있기 때문입니다. 그러나 하나님은 이러한 사람들을 심판하시기 보다 구원하길 원하십니다. 그래서 지금도 수 많은 선지자들을 보내시어 돌아오기를 촉구하고 계십니다. 하나님의 본심은 재앙이 아니라 평안입니다. 심판이 아닌 구원이기 때문입니다.

"백성이 모이는 것 같이 네게 나아오며

내 백성처럼 네 앞에 앉아서 네 말을 들으나

그대로 행하지 아니하니 이는 그 입으로는 사랑을

나타내어도 마음으로는 이익을 따름이라." (에스겔 33:31)

41
하나님의 나라

흔히 하나님의 나라를 말하면 죽어서 가는 천국만을 생각합니다. 그러나 성경에서 하나님의 나라는 예수님을 믿는 모든 사람들에게 이미 임하였음을 말씀하고 있습니다.

"또 여기 있다 저기 있다고도 못하리니
하나님의 나라는 너희 안에 있느니라" (누가복음 17:21)

바리새인들은 메시아가 오면 로마의 속국에서 해방 시켜 주심으로 자주 국가가 되는 것을 희망하였지만 예수님이 대답하신 하나님의 나라는 영토가 아닌 하나님의 임재였습니다. 우리가 예수님을 믿을 때에 하나님의 나라는 우리 안에 임하게 되며 하나님이 거하시는 거룩한 곳이 됩니다.

"너희는 너희가 하나님의 성전인 것과
하나님의 성령이 너희 안에 계시는 것을 알지 못하느냐" (고린도전서 3:16)

이때부터 하나님의 통치를 따라 사는 거룩한 백성이 되는 것입니다. 내 육신을 따라 사는 삶을 버리고 하나님의 통치를 받는 하나님 나라의 시민으로 살게 됩니다. 이 사실을 알고 있는 바울은 사랑하는 빌립보 성도들에게 권면합니다.

"주 안에서 항상 기뻐하라
내가 다시 말하노니 기뻐하라" (빌립보서 4:4)

자신도 비록 감옥에 있지만 자신에게 하나님의 나라가 임하였고 장차 임할 하나님 나라에 대한 소망을 가지고 있기에 고난 중에서도 기뻐할 수 있었던 것이라고 빌립보 성도들에게도 자신을 본받으라 합니다.

다만, 하나님의 나라는 온전하지만 우리가 아직 연약한 육체를 입고 있기에 사단은 연약한 우리를 공격한다는 것입니다. 하나님의 나라가 내 안에 있음을 망각하도록 영적인 공격을 해 옵니다.

우리가 연약한 육체를 벗고 장차 임할 하나님 나라에 이르기까지 우리가 깨어있어야 할 이유가 여기에 있습니다. 이 땅에서의 삶이 나그네임을 깨달아 하나님 나라의 대사이자 시민권자로 살아가고자 노력한다면 우리의 통치자 되신 하나님께서 우리의 길을 아름답게 인도하실 것입니다.

"네 길을 여호와께 맡기라 그를 의지하면
그가 이루시고 네 의를 빛 같이 나타내시며
네 공의를 정오의 빛 같이 하시리로다" (시편 37:5~6)

PART 3

말씀으로 삶을 세우는 연습

감정보다 말씀이 앞서야 할 때

42
변하지 않는 기준점

기준점이라는 사전적 의미는 "계산하거나 측정할 때 기준이 되는 점"을 말합니다. 기준점이 없으면 어떠한 건물도 세울 수 없습니다. 학교나 군대에서도 정렬을 할 때 한 사람을 정해 기준점을 둡니다. 그래야만 제대로 정렬을 할 수 있기 때문입니다.

우리가 인생을 살아갈 때에도 기준점을 두고 살아갑니다. 세상에 기준점을 두었다면 그 기준점은 계속 바뀔 것입니다. 사회 문명이 바뀌면 인간의 가치관이 바뀌기 때문입니다. 수백 년 전에 도도한 가치관들이 현재에는 쓸모없는 사상으로 바뀌었거나 수백 년 전에 하찮은 가치관들이 지금은 중요한 가치관이 되어 있기도 합니다.

그러나 영원히 변하지 않는 하나님의 말씀에 기준을 두었다면 변함없는 사랑으로 우리를 보호하시며 인도하시는 주님의 손길을 경험할 수 있을 것입니다. 하나님의 말씀은 일점일획도 변하지 않기 때문입니다. 게다가 그 말씀을 이루신다고 약속하셨고 그 약속은 지금도 신실히 이행되고 있습니다.

"진실로 너희에게 이르노니
천지가 없어지기 전에는 율법의 일점일획도
결코 없어지지 아니하고 다 이루리라" (마태복음 5:18)

우리가 인생의 기준점을 세상에 두지 않고 말씀에 둬야 할 이유가 여기에 있습니다. 하나님의 말씀에 기준점을 둔다는 것은 내 인생의 모든 결정을 하나님의 말씀에 비춰보면서 내 욕심은 버리고 하나님께서 원하시는 방향을 선택하는 것입니다.

"주의 말씀은 내 발에 등이요
내 길에 빛이니이다" (시편 119:105)

"주의 계명들이 항상 나와 함께 하므로

그것들이 나를 원수보다 지혜롭게 하나이다" (시편 119:98)

43
미지근한 믿음

계시록에서 언급한 일곱교회 중, 칭찬 없이 책망을 받은 교회는 사데교회와 라오디게아교회인데 두 교회가 비슷한 책망을 받습니다.

"네가 살았다 하는 이름은 가졌으나 죽은 자로다" (요한계시록 3:1)

"네가 이같이 미지근하여 뜨겁지도 아니하고 차지도 아니하니 내 입에서 너를 토하여 버리리라" (요한계시록 3:16)

우리말로 풀이하면 이렇습니다.

"네가 믿음이 있는 줄 알았더니 믿음이 없는 사람이구나" (요
한계시록 3:1)

"네가 예수님 믿는 사람인지 아닌지
구분하기가 어려울 정도이니
나는 너의 믿음을 인정할 수 없구나" (요한계시록 3:16)

두 도시에 있는 교회들은 경제적인 풍요와 안정적인 생활로
세상과 적당히 타협하며 믿음도 적당히 유지하고 있었습니다.
예수님은 이러한 두 도시에 동일한 권면을 하셨습니다.

"무릇 내가 사랑하는 자를 책망하여 징계하노니 그러므로 네
가 열심을 내라 회개하라" (요한계시록 3:19)

처음 우리나라에 복음이 들어올 때 사람들이 예수 믿는 사
람이라면 무조건 신뢰를 해 주었습니다. 그러나 지금은 믿는
사람에 대한 신뢰도가 너무 많이 떨어졌습니다. 물질적인 손해
를 보기 싫어 거짓말을 하고, 세상이 추구하는 권세를 얻기 위

해 불의를 서슴치 않고 행하며 내가 예수를 믿는다고 말한다면, 살았다 하나 죽은 자이고 뜨겁지도 차갑지도 않은 버려지는 물이 될 것입니다.

멀리서 바라보는 생화와 조화는 구분하기 어렵지만 생명이 있고 없고의 차이는 비교 불가입니다. 조화와 같은 믿음 생활은 그 안에 생명이 없습니다. 반면, 예수를 구주로 믿는 우리의 믿음은 그 안에 생명이 있습니다. 예수님은 믿음을 말하는 우리에게 인격적인 만남을 제안하십니다. 그래야만 우리가 세상과 타협하지 않고 세상을 이길 수 있기 때문입니다.

"볼지어다 내가 문 밖에 서서 두드리노니 누구든지 내 음성을 듣고 문을 열면 내가 그에게로 들어가 그와 더불어 먹고 그는 나와 더불어 먹으리라." (요한계시록 3:20)

"귀 있는 자는 성령이 교회들에게 하시는 말씀을 들을지어다." (요한계시록 3:22)

44
세상을 비추는 빛

　하나님이 천지를 창조하시고 "보시기에 심히 좋았다"고 하셨지만 사단의 꾀임에 빠진 인간은 아름답게 창조된 세상 속에 죄가 들어오는 길을 열어버립니다. 그 후로 공중권세를 잡은 사단은 인간의 어리석은 욕망을 이용하여 하나님으로부터 멀어지게 하고 인간이 신이 될 수 있다는 교만한 마음을 가지게 합니다.

　결국 어두워져 버린 세상을 버리지 않으시고 구원하시기 위해 하나님은 빛을 내려 주셨습니다. 빛으로 오신 예수님은 어둠 속에 갇혀 죄인된 우리가 하나님께로 갈 수 있도록 유일한 길을 만드셨습니다. 그러나 악한 세상은 빛보다 어둠을 더 사랑하여(요 3:19) 마음에 하나님 두기를 싫어합니다(롬 1:28) 그래서 하나님은 예수를 믿는 우리에게 우리의 착한 행실을 통하여 세상을 비추라고 말씀하십니다.

"이같이 너희 빛이 사람 앞에 비치게 하여
그들로 너희 착한 행실을 보고 하늘에 계신 너희
아버지께 영광을 돌리게 하라" (마태복음 5:16)

세상에 빛을 비추기 위해 우리에게 요구되는 것은 착한 행실입니다. 초대교회 당시에 믿는 사람들의 행실은 믿지 않는 사람들에게까지 칭찬을 받았습니다.

"하나님을 찬미하며 또 온 백성에게 칭송을 받으니
주께서 구원 받는 사람을 날마다 더하게 하시니라" (사도행전 2:47)

지금 예수를 믿는 우리의 모습은 어두운 세상에 빛을 비추는 초대교회 성도들의 모습인지 사단의 속삭임에 나의 정체성을 잃고 빛을 잃어 세상 속의 어두움을 즐기며 함께 썩어가는

중인지 점검이 필요합니다. 우리에게 구원의 빛을 주신 주님은
우리의 행실을 통하여 세상에 빛을 비추라 하시고 구원의 통로
가 되라 하십니다.

"너희가 전에는 어둠이더니 이제는
주 안에서 빛이라 빛의 자녀들처럼 행하라" (에베소서 5:8)

45
사랑으로 얻어진 믿음

사람들은 자신의 목숨을 가장 소중하게 여깁니다. 그러나 어느 누군가가 자식을 위해 자신의 목숨을 내놓을 수 있겠냐는 질문에는 주저없이 Yes라고 답할 것입니다. 그렇지만 남을 구하기 위해 내 아들을 희생시켜야 한다면 주저없이 No라고 답할 것입니다.

그런데 하나님은 인간을 구하기 위해 하나뿐인 아들을 희생시켰습니다. 그것도 인간의 모든 죄를 짊어지고 로마 최고의 형벌인 십자가에 달려 죽도록 내버려 두신 것입니다.

"하나님이 세상을 이처럼 사랑하사 독생자를 주셨으니"

(요한복음 3:16)

하나님의 사랑이 얼마나 큰지요. 예수님은 인간의 몸으로 이땅에 오셨고 우리의 죄를 대신 짊어지시기 위해 십자가의 길을 걸으셨습니다. 성령께서는 우리가 얼마나 연약한지를 잘 아시기에 날마다 말할 수없는 탄식으로 우리를 위해 간구해 주십니다. 이를 통해 우리에게 믿음이 주어진 것입니다.

삼위일체 하나님의 사랑으로 우리에게 주어진 믿음은 그 무엇과도 바꿀수 없는 값진 것이며 나와 내 주변 사람들을 사랑하며 살도록 만드는 원동력이 됩니다.

예수님을 정말로 믿는다면 하나님께 받은 사랑이 우리의 몸속에서 저절로 흘러나오게 되어 있으며 아름다운 향기를 뿜게 되어 있습니다. 성령께서 내주하고 계시기 때문입니다. 남에게 상처를 주면서도 아무렇지 않았다면 그 사람의 믿음은 가짜일 것입니다. 아무 공로 없이 우리에게 주어진 믿음은 하나님의 사랑으로 이루어진 결실이고 예수님의 희생으로 얻어진 결실이며 성령님의 도움으로 주어진 결실이기에 그러합니다.

"사랑하는 자들아 우리가 서로 사랑하자 사랑은 하나님께 속한 것이니 사랑하는 자마다 하나님으로부터 나서 하나님을 알고 사랑하지 아니하는 자는 하나님을 알지 못하나니 이는 하나님은 사랑이심이라." (요한일서 4:7~8)

46
혈루증 여인에게 배우는 믿음

12년동안 하혈이 멈추지 않는 혈루증을 앓고 있는 여인이 있었습니다. 수많은 의원들을 찾아다녔지만 재산만 모두 허비하고 병세는 점점 심해져 갔습니다. 이때 예수님이 동네에 오신다는 소식을 듣습니다. 그녀는 떳떳이 예수님 앞에 서서 자신의 병을 말할 수 없는 처지였습니다. 당시 혈루증을 가지고 사람들 앞에 나오는 것은 유대법을 위반하는 것이기 때문입니다.

그러나 그녀는 정말 낫고 싶었습니다. 그녀는 예수께서 단순히 병을 고치는 분이 아니라 메시야로 이 땅에 오심을 알고 있었습니다. 예수님을 향한 믿음이 분명한 여인은 예수님의 옷에만 손을 대어도 나을 것이란 믿음이 있었습니다. 정말로 이 여인은 나음을 입었고 예수님은 이 여인의 믿음을 칭찬하셨습니다.

"예수께서 이르시되 딸아 네 믿음이
너를 구원하였으니 평안히 가라" (마가복음 5:34)

예수님이 칭찬한 것은 예수님을 향한 그녀의 순수한 믿음이었고, 예수님을 전적으로 신뢰하는 믿음이었으며, 예수님을 아는 분명한 믿음이었습니다. 예수님은 지금도 우리에게 이 여인 같은 믿음을 요구하십니다. 의심 없는 믿음으로 예수님께 나아온다면 예수님은 상처 난 우리 마음을 만지시고 치료해 주실 것입니다.

더 이상 내 능력으로 아무것도 할 수 없을 때, 인간의 힘으로 불가능한 일이 내 앞에 있을 때, 눈물로 침상을 띄우며 한숨 쉴 때, 예수님을 향한 여인의 믿음을 본받아 예수님을 전적으로 신뢰하는 믿음으로, 예수님을 믿는 순수한 믿음으로, 모든 문제를 가지고 나아온다면 우리는 회복을 경험할 것이고 다시

사는 경험을 할 것입니다.

"평안을 너희에게 끼치노니

곧 나의 평안을 너희에게 주노라

내가 너희에게 주는 것은 세상이 주는 것 같지 아니하리라

너희는 마음에 근심도 말고 두려워하지도 말라." (요한복음

14:27)

47
십계명을 주신 이유

헌법이란? 한 나라의 가장 기본이 되는 법이며 최고의 효력을 가진 법을 말합니다. 하나님께서는 아브라함을 부르시고 "너로 큰 민족을 이루겠다"는 약속을 주신 후, 수백 년이 흐른 뒤에 애굽에서 신음하던 이스라엘 백성들을 초자연적인 능력으로 부르시고 그들에게 하나님이 직접 돌판에 십계명을 새겨 주심으로 백성으로서 갖춰야 할 기본법인 헌법을 제정해 주셨습니다.

십계명을 간단히 요약하면 '하나님 사랑'과 '이웃 사랑'입니다.

"예수께서 이르시되 네 마음을 다하고 목숨을 다하고 뜻을 다하여 주 너의 하나님을 사랑하라 하셨으니 이것이 크고 첫째 되는 계명이요 둘째도 그와 같으니 네 이웃을 네 자신 같이 사랑하라 하셨으니" (마태복음 22:37~39)

그러므로 사랑을 알지 못한다면 우리는 십계명을 제대로 지킬 수 없습니다. 예수님이 여리고를 지날 때 부자 청년이 찾아와 자신은 십계명을 다 지켰다고 했지만 재산을 팔아 가난한 자에게 나눠주라 했을 때 시무룩한 모습으로 돌아갔습니다. 반면, 같은 여리고에 살던 삭개오는 돈을 밝히는 세리장이었지만 예수님을 만난 후에는 자원하여 가난한 자들에게 자신의 소유를 나누겠다고 말합니다.

우리가 십계명을 대할 때에 율법적인 계명으로만 본다면 부자 청년과 같은 어리석은 행동을 하게 됩니다. 그렇지만 하나님과 원수된 우리를 십자가의 사랑으로 화목케 하시고 하나님 나라 백성삼아 주신 증거로 십계명을 주신 것을 깨닫는다면, 삭개오와 같은 모습을 경험할 수 있을 것입니다.

십계명은 하나님나라 국민에게 주어지는 가장 기본이 되는 계명입니다. 이 계명을 우리에게 주신 이유는 하나님 사랑과 이웃 사랑을 실천함으로 하나님의 백성답게 살기 원하시기 때문입니다.

"하나님은 사랑이십니다."

"하나님이 우리를 사랑하시는 사랑을 우리가 알고 믿었노니 하나님은 사랑이시라 사랑 안에 거하는 자는 하나님 안에 거하고 하나님도 그의 안에 거하시느니라." (요한일서 4:16)

48
여호와께 성결

하나님께서 이스라엘 백성을 선민 삼으시고 율법을 주신 후에 최초로 제사장 삼은 사람은 아론과 그의 아들들입니다. 아론은 목숨이 두려워 우상을 만들기도 했던 인물이지만 하나님은 자격없는 그를 부르시어 정결케 하신 후에 최초의 대제사장 삼으신 것입니다.

아론을 제사장 삼으신 후 하나님은 그가 입을 옷과 장신구를 거룩하게 구별하여 짓게 하고 머리에 쓰는 관 위에는 순금으로 "여호와께 성결"이라 기록한 패를 만들어 성전을 다닐 때늘 붙여두게 하였습니다. 하나님의 성전에 들어갈 때마다 늘 자신을 살피며 성결한 모습으로 제물을 바치도록 만드신 것입니다.

예수님이 우리의 죄를 짊어지고 십자가에서 죽으실 때 성소의 휘장이 찢어짐으로 가시적인 성전은 사라지게 되었습니다. 그리고 예수를 믿는 이들이 '하나님의 거룩한 성전'이 된 것입니다.

"우리는 살아 계신 하나님의 성전이라." (고린도후서 6:16)

하나님의 성전인 우리는 매일 자신을 살피며 하나님을 예배하는 제사장의 역할을 해야 합니다. 이 세대를 본받지 말고 매일 자신을 살펴 성결을 유지하며 거룩한 예배자로 살아야 합니다.

제사장이 성전에 들어갈 때 "여호와께 성결"이라는 패를 이마에 붙이며 자신을 살피듯, 예수님을 믿는 우리는 하나님의 거룩한 제사장임을 기억하고(벧전 2:9) 세상 죄와 타협하지 않기 위하여 날마다 성결을 유지하기 위하여 매일 자신을 살펴야 합니다.

"너희는 이 세대를 본받지 말고 오직 마음을 새롭게 함으로 변화를 받아 하나님의 선하시고 기뻐하시고 온전하신 뜻이 무엇인지 분별하도록 하라." (로마서 12:2)

49
마음의 찔림이 필요합니다

오순절 사건 이후 베드로가 성령 충만하여 수 많은 사람들이 모인 곳에서 예수 그리스도를 담대하게 전했을 때, 말씀을 듣던 이들이 죄책감을 느끼며 "우리가 어찌할꼬"(행 2:37) 말합니다. 베드로는 이들에게 대답합니다.

"베드로가 이르되 너희가 회개하여 각각 예수 그리스도의 이름으로 세례를 받고 죄 사함을 받으라 그리하면 성령의 선물을 받으리니" (사도행전 2:38)

이때 3천 명이 회개함으로 죄 사함을 받고 세례를 받는 역사가 일어났습니다. 반면, 구약의 마지막 선지자 말라기가 활동할 시기에 이스라엘 백성들은 하나님을 형식적으로 섬겼습니다. 자신들의 죄를 대신해서 하나님께 드려지는 희생제물을 흠 있고 병든 것으로 드렸고, 하나님께 은혜를 구하면서도 그들의 행위는 악하고 거짓되어 하나님을 욕되게 하였습니다.

이들에게는 마음의 찔림이 없었습니다. 이들은 하나님의 뜻대로 살지 않으면서 힘들고 어려운 일이 생기면 하나님을 원망하며 '나 힘들 때 어디에 계셨냐'고 '왜 나를 지켜주지 않았냐'고 자신들의 부당함을 주장하였습니다.

하나님이 말라기 선지자를 통하여 이들에게 경고하신 까닭은 이스라엘 백성들을 사랑하시기에, 이들이 마음의 찔림을 가지고 하나님 앞으로 돌아오기를 원하셨기 때문입니다. 형식과 감정에 의존하여 드리는 제사와 가증스러운 예물이 아닌, 하나님의 백성다운 정직한 삶과 하나님을 향한 진실한 사랑을 가지고 하나님께 나아오길 원하셨습니다.

마음의 찔림은 내가 잘못했다는 것을 느낄 때 일어나는 현상입니다. 초대교회에 예수님을 믿는 사람들의 행실은 안 믿는 사람조차 교회에 나오게 했습니다.

지금, 예수를 믿는 우리를 보고 안 믿는 사람들이 교회를 찾는지, 반대로 교회를 욕하고 미덥지 않아 하는지 우리의 자화상을 그려봐야 합니다. 마음의 찔림이 있다면 우리의 연약함을 도우시는 하나님 앞에, 있는 모습 그대로 나아가 말씀으로 자신을 비추어보고, 모난 곳은 다듬고 어그러진 곳은 바로 펴야 합니다.

화인(火印)맞은 양심은 감각이 무뎌서 마음의 찔림을 잘 느끼지 못합니다. 마음의 찔림이 있을 때가 하나님께 돌아갈 기회입니다.

"너희는 옷을 찢지 말고 마음을 찢고 너희 하나님 여호와께로 돌아올지어다 그는 은혜로우시며 자비로우시며 노하기를 더디 하시며 인애가 크시사 뜻을 돌이켜 재앙을 내리지 아니하시나니" (요엘 2:13)

50
내가 주를 사랑합니다

하나님은 우리를 사랑하십니다. 예수를 믿어 구원을 받은 분들은 하나님이 우리를 사랑하신다는 사실을 모르는 분이 없을 것입니다. 변함없으신 하나님은 우리를 향한 사랑도 끝이 없습니다.

"세상에 있는 자기 사람들을 사랑하시되
끝까지 사랑하시니라." (요한복음 13:1)

사람을 향한 하나님의 사랑은 사람 사이에 표현되는 보편적인 사랑과 구별해 놓았습니다. 하나님의 사랑은 죄인 된 사람을 구원하시기 위하여 독생자까지 내어주신 숭고한 사랑이기 때문입니다.

그런데 시편의 한 부분에서 이 단어를 쓴 사람이 있습니다. 한낱 목동에 불과했지만 하나님의 도우심과 인도하심으로 이스라엘의 왕이 되었던 다윗입니다. 그는 왕이 되기까지 십수 년 동안 절체절명의 위기를 여러 번 경험했지만 그때마다 자신의 힘이 되신 하나님을 의지했습니다. 그는 삶의 경험을 바탕으로 마음 속 깊은 곳에서 우러나오는 감사의 찬송을 하나님께 올리며 하나님을 향한 사랑을 표현했습니다.

"나의 힘이신 여호와여 내가 주를 사랑하나이다." (시편 18:1)

여기에 사용된 '사랑'이란 단어는 인간을 향한 하나님의 사랑을 표현할 때 사용되는 단어이기 때문에 다윗이 하나님을 얼마나 깊이 사랑하는지 확인 할 수 있습니다.

우리가 다윗처럼 진심으로 하나님을 사랑한다면 하나님은 우리의 반석이 되시며, 그 누구도 넘볼 수 없는 요새가 되심을 고백할 수 밖에 없을 것입니다. 왜냐하면 하나님은 변함없이 우리를 사랑하고 계시기 때문입니다. 그 사랑을 마음에 새기며 함께 고백하길 원합니다.

"나의 힘이신 여호와여 내가 주를 사랑하나이다" (시편 18:1)

"누가 우리를 그리스도의 사랑에서 끊으리요 환난이나 곤고나 박해나 기근이나 다른 어떤 피조물이라도 우리를 우리 주 그리스도 예수 안에 있는 하나님의 사랑에서 끊을 수 없으리라." (로마서 8:35,39)

51
하나님의 영광을 위한 실패

예수님과 가깝게 지낸 가족이 있습니다. 베다니에 사는 나사로와 두 여동생입니다. 그런데 나사로가 갑자기 병으로 죽게 되어 곧바로 예수님께 사람을 보냈지만 나사로가 죽은 뒤 4일 뒤에야 오셨습니다.

실망한 마르다와 마리아는 예수님께 원망을 늘어놓습니다. 그러나 예수님은 이미 말씀하셨습니다.

"이 병은 하나님의 영광을 위함이요" (요 11:4)

하나님을 믿는 사람은 자신이 뭔가 잘못되었을 때, 그 일을 통하여 영광 받으실 하나님의 손길을 기대하며 끝까지 주님을 기다릴 줄 알아야 합니다. 이러한 믿음을 소유한 사람은 실패를 두려워하지 않습니다. 좌절하지도 않습니다. 왜 그럴까요?

"이 병은 죽을병이 아니라 하나님의 영광을 위함이라"는 주님의 음성을 듣기 때문입니다. 주님은 넘어져 있는 우리에게 이렇게 말씀하십니다.

"너의 실패는 망할 실패가 아니다. 그것을 통해서 하나님이 영광 받으시고 내가 영광 받기 위한 것인 줄 네가 믿기 바란다"는 주님의 음성입니다.

나사로가 죽은 지 이미 4일이 되었고 무덤에 장사지낸 다음이기에 이들에게는 희망이 없었지만 예수님은 그들에게 참된 믿음이 어떤 역사를 일으키는지 보여 주십니다.

우리가 실패로 인해 주저앉아 있기를 사단은 간절히 바라고 있습니다. 하나님을 찾기보다는 원망하며 나 자신의 삶을 비관하면서 깊은 절망의 늪 가운데 허우적 거리고 있기를 바라고

있습니다. 이때가 바로 하나님을 찾을 때임을 성경은 말씀하고
있습니다.

"환난 날에 나를 부르라 내가 너를 건지리니
네가 나를 영화롭게 하리라." (시편 50:15)

마르다는 비록 원망하는 마음은 있지만 동네 어귀까지 나와
예수님을 맞이하였고 그는 오빠의 부활을 두 눈으로 목격하게
되었습니다. 나의 삶이 하나님의 영광을 위한 삶이라 고백하신
다면 선을 베푸시고 구원을 이루시는 하나님을 잠잠히 기다리
는 믿음이 우리에게 필요합니다.

하나님은 우리를 망하게 하시는 분이 아니라 우리를 구원하
시는 분이기 때문입니다.

"기다리는 자들에게나
구하는 영혼들에게 여호와는 선하시도다.
사람이 여호와의 구원을 바라고
잠잠히 기다림이 좋도다" (예레미야애가 3:25-26)

52
바쁘니 더 기도합니다

"하나님의 능력은 기도하는 사람들에게 흘러간다"

빌 하이벨스 목사의 『너무 바빠서 기도합니다』란 책에 기록된 내용입니다. 성경은 기도에 대해서 다양한 모습으로 강조하고 있습니다.

하나님을 믿는 우리에게 기도는 반드시 필요하다는 것과 기도가 하나님과의 대화라는 것도 잘 알고 있지만 정작 기도하기에는 너무 바쁘다는 핑계로 자책하며 미루기만 합니다. 그러나 우리가 기억해야 할 것이 있습니다.

우리는 하나님과 함께 하는 사람들이고 하나님은 우리를 통해 능력을 나타내기 원하신다는 것입니다.

야고보서는 야고보 장로가 로마의 핍박가운데 믿음이 흔들리고 있는 유대인 성도들의 신앙을 바로 세우기 위해 쓰여진 서신서인데 그곳에 기도에 대한 권면이 있습니다. 고난 가운데 있는 이들에게, 질병으로 고통받고 있는 이들에게, 믿음의 기도는 고난 당하는 자를 위로하시고 병든 자를 치료하신다고 하십니다.

죄인된 우리가 예수님의 은혜로 의인이 되었고, 이렇게 의인된 우리의 간구에 하나님은 역사하시겠다고 약속하셨습니다.

엘리야는 엄청난 이적을 일으킨 하나님의 선지자였지만 그도 우리와 똑같은 평범한 사람이었던 것처럼(약 5:17-18) 우리도 하나님을 신뢰하는 믿음으로 기도하면 동일한 역사를 이룰 수 있음을 말씀하셨습니다. 우리가 세상에 줄 수 있는 것은 물질이 아닌 하나님의 능력입니다. 그 능력은 기도에서 나옵니다.

"베드로가 이르되 은과 금은 내게 없거니와

내게 있는 이것을 네게 주노니

나사렛 예수 그리스도의 이름으로

일어나 걸으라 하고" (사도행전 3:6)

성령 충만한 베드로의 능력은 그와 함께 계신 성령께 나온 것입니다. 내 안에 계신 성령님으로 인하여 우리도 능력을 경험할 수 있습니다.

너무 바빠서 기도하지 못하여 하나님의 능력을 경험하지 못했다면 삶의 우선순위를 기도에 두십시오.

"의인의 간구는 역사하는 힘이 크니라" (야고보서 5:16)

53
선택

하나님께서 아브라함을 부르시고 "너로 큰 민족을 이루겠다"(창 12:2)는 약속대로 수백 년이 지나 가나안 땅을 허락하셨습니다. 이미 그곳에는 여러 족속이 살고 있었지만 그들의 죄악이 가득 차서 하나님은 그들을 몰아내고 아브라함의 후손인 이스라엘에게 그 땅을 넘겨주신 것입니다. 이때 하나님은 두가지 당부를 합니다. 그들과 교류하지 말 것과 우상을 섬기지 말라는 것입니다.

그들과 교류하게 되면 이스라엘 백성들도 가나안 사람들처럼 동일한 죄를 짓게 될 것이고, 그 죄로 인해 이스라엘 백성들도 심판을 받을 수 있기 때문입니다.

안타깝게도 이스라엘 백성들은 세상에 소망을 두고 살아가는 가나안 여인들과 결혼을 하면서 자연스럽게 그들이 섬기는 우상을 숭배하고 하나님은 멀리하게 되었습니다.(삿 3:6)

이는 노아의 홍수 때에도 동일하게 일어난 사건입니다.(창 6:2) 결국 하나님은 죄로 물든 이스라엘 백성들을 심판할 수 밖에 없었습니다.

예수를 안 믿는 사람들이 자신의 유익과 만족을 좇아 세상에 소망을 두고 사는 것은 당연합니다. 하나님 나라에 소망이 없기 때문입니다. 그러나, 예수를 믿는 사람들은 하나님 나라에 소망을 두고 있기에 하나님의 뜻을 선택합니다.

하나님의 뜻을 선택한다는 것은 내게 당장 손해를 당할 수도 있고 세상 사람들이 추구하는 만족감을 가지지 못할 수도 있습니다. 한가지 기억해야 할 것은 세상의 쾌락을 선택한 이스라엘은 죄를 지어 심판에 이르지만 하나님께 바로 서 있었던 사사 옷니엘(삿 3:10)은 성령이 그와 함께 하심으로 하나님의 놀라운 능력을 행하여 이스라엘을 구원하였다는 것입니다.

나의 유익과 만족을 선택할 것인지, 하나님이 원하시는 것을 선택할지는 자유의지를 가진 우리들의 몫입니다.

"그러므로 어리석은 자가 되지 말고
오직 주의 뜻이 무엇인가 이해하라" (에베소서 5:17)

하나님은 지금도 나의 만족과 유익보다 하나님의 뜻을 선택하여 어두운 세상에 빛을 비추려는 빛의 자녀들을 찾으십니다.

"너희가 전에는 어둠이더니 이제는 주 안에서 빛이라
빛의 자녀들처럼 행하라." (에베소서 5:8)

54
하나님을 시인하자

미국 바이든 대통령 취임식을 위하여 기도하던 Silvester Beaman목사는 기도를 이렇게 끝맺음 했습니다.

"다양한 종교의 이름으로 아멘."

117차 국회가 개원할 때 Emanuel cleaver 하원의원은 국회 개원 기도를 하면서 다음과 같이 기도를 마무리 했습니다.

"이 모든 것을 유일하신 신, 브라만, 혹은 다른 다양한 종교에서 다양한 이름으로 불려지는 신의 이름으로 기도합니다.

Aman, A-Women"

이 기도는 하나님을 안 믿는 사람의 기도가 아닙니다. 한 사람은 현직 목사이고 한 사람은 목사 출신의 하원의원입니다. 믿음을 가진 후 가장 경계해야 하는 것은 모든 것을 사람 중심에서 생각하는 인본주의 신학입니다. 사람을 이롭게 하는 일이라면 인간의 상식으로 이해할 수 없는 것은 받아들이지 않습니다. 모든 것이 하나님 중심에서 사람 중심으로 옮겨집니다.

우리가 잊지 말아야 할 사실은 하나님은 온 우주를 창조하시고 우리 인간을 창조하신 분이라는 것입니다. 피조된 사람이 아무리 똑똑해도 창조주 하나님의 뜻을 다 헤아릴 수 없고 그분이 하신 일을 다 이해할 수 없습니다.

바른 믿음을 가진 이들은 이해할 수 없는 일이 닥칠 때 합력하여 선을 이루실 하나님을 믿고 참으며 인내합니다. 힘겨운 시간이 지나고 뒤를 돌아보면 주님의 손길을 비로소 느끼게 됩니다. 한국의 신학은 미국의 영향을 많이 받습니다. 우리가 신앙의 기준점을 하나님의 말씀에 두지 않으면, 세상과 적당히 타협하게 되고 우리의 신앙도 무너지게 됩니다.

삶 속에서 하나님을 인정하고 그 이름을 시인하는 것은 나의 죄를 위해 십자가를 지신 예수님의 죽음이 얼마나 고귀한지를 아는 자만 가능합니다.

"누구든지 사람 앞에서 나를 시인하면
나도 하늘에 계신 내 아버지 앞에서 그를 시인할 것이요
누구든지 사람 앞에서 나를 부인하면
나도 하늘에 계신 내 아버지 앞에서 그를 부인하리라."

(마태복음 10:32-33)

55
선한 양심을 가지라

하나님은 사람을 창조하셨을 때 하나님의 형상을 닮도록 하셨습니다. 그런데 사람이 죄를 지음으로 하나님의 형상은 깨지고 내면의 악이 자리하게 되었습니다. 상처 난 양심은 악한 데엔 지혜롭고 선한 데엔 미련했습니다. 이기적이고 교만했습니다. 창조주 하나님을 인정하기보다는 자신만의 신을 만들거나 마음의 정욕을 좇아 살게 되었습니다.

하나님은 이러한 사람들을 심판하시겠다는 계획보다는 이들을 구원할 계획을 세우셨고 예수 그리스도의 십자가 죽음을 통하여 인간구원 프로젝트를 완성하셨습니다. 이 사실을 믿는 사람들에게 공통적으로 요구하신 것이 "선한 양심을 가지라"는 것입니다.

"선한 양심을 가지라
이는 그리스도 안에 있는 너희의 선행을
욕하는 자들로 그 비방하는 일에
부끄러움을 당하게 하려 함이라" (베드로전서 3:16)

나의 죄로 상처받았던 양심이 예수를 믿음으로 치유되고 깨끗하게 되었습니다. 우리가 거저 받은 구원의 역사는 독생자 예수를 죽음에 내어놓으신 하나님의 엄청난 희생이 만들어 낸 결과입니다. 그렇기 때문에 예수 그리스도로 치유된 우리가 남에게 상처를 주고 아픔을 준다면 우리는 예수를 십자가에 다시 못 박는 행위를 하는 것이 되어버립니다.

내 마음에 악한 마음이 싹틀 때 주님은 사도 바울을 통하여 우리에게 가르쳐 주신 말씀을 되새김해야 합니다.

"너희가 선한 데 지혜롭고
악한 데 미련하기를 원하노라" (로마서 16:19)

하나님의 형상을 회복한 우리는 하나님께서 지으신 뜻대로 선한 일을 행하여야 합니다.

"우리는 그가 만드신 바라
그리스도 예수 안에서 선한 일을 위하여
지으심을 받은 자니
이 일은 하나님이 전에 예비하사
우리로 그 가운데서 행하게 하려 하심이니라." (에베소서 2:10)

더 이상 내 안에 악이 자리하지 않도록 회복된 하나님의 형상이 다시 어그러지지 않도록 매일 나의 정체성을 점검해야 합니다. 하나님의 형상을 회복한 우리가 세상에 나아가 선을 행할 때 하나님은 기뻐하시며 영광 받으실 것입니다.

"이같이 너희 빛이 사람 앞에 비치게 하여
그들로 너희 착한 행실을 보고
하늘에 계신 너희 아버지께 영광을 돌리게 하라." (마태복음
5:16)

56
하나님의 사람은 진실해야 합니다

피조된 인간이 창조주 하나님을 알기 위해서는 하나님의 말씀인 '성경'을 읽어야 합니다. 성경에는 하나님의 속성이 기록되어 있습니다. 그중에 하나가 하나님은 거짓이 없으신 분이라는 것입니다.

"그는 반석이시니 그가 하신 일이 완전하고
그의 모든 길이 정의롭고 진실하고
거짓이 없으신 하나님이시니 공의로우시고 바르시도다."

(신명기 32:4)

하나님께서는 거짓이 없을 뿐만 아니라 거짓을 싫어하신다고 하십니다.(시 5:6) 그렇기 때문에 예수를 믿어 하나님의 자녀된 자들은 거짓말을 해서는 안됩니다. 우리가 예수를 믿기 전에는 하나님께 속한 자가 아니라 마귀에게 속한 자였지만, 예수께서 십자가의 보혈로 우리를 정결케 하신 후로는 하나님께 속한 자가 된 것입니다.

하나님을 믿는 사람이 거짓말을 하는 것은 하나님의 자녀임을 부인하는 행동입니다. 교회와 하나님의 뜻을 이루기 위하여 적당한 거짓말은 용납된다 말하는 것도 하나님의 말씀을 곡해하는 행위입니다.(롬 3:7-8)

하나님은 진실하신 분입니다. 그러나 마귀는 거짓의 아비입니다.(요 8:44) 세상은 거짓을 어느 정도 선에서 인정해 주고 처세술이라 말하지만, 하나님은 믿는 자들에게 투명한 삶을 요구하십니다.

성경에서 죄에 대한 속성을 말할 때 감초처럼 들어가는 단어가 "거짓"입니다. 아직 내가 거짓말을 하고 있다면 마귀에게 속했던 옛사람의 행위를 벗어버리지 못하고 있는 모습입니다.

예수님께 속한 자들은 거짓말이 없는 자들입니다. (계 14:5)

비록 곤란한 상황과 손해가 발생하더라도 거짓 앞에 무릎 꿇지 않고 진리와 정직으로 세상에 나아가 하나님의 사람은 진실하다는 것을 보여야 합니다.

"무엇이든지 속된 것이나
가증한 일 또는 거짓말하는 자는
결코 그리로 들어가지 못하되
오직 어린 양의 생명책에 기록된 자들만 들어가리라." (요한계
시록 21:27)

57
말씀의 부재가 주는 위험

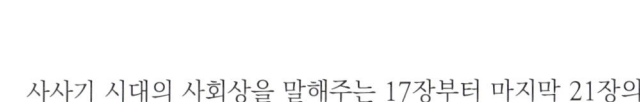

사사기 시대의 사회상을 말해주는 17장부터 마지막 21장의 끝부분에는 동일한 문장이 기록되어 있습니다.

"그 때에 이스라엘에 왕이 없으므로
사람이 각기 자기의 소견에 옳은 대로 행하였더라"(사사기
17:6, 21:25)

당시에 하나님은 사사를 통하여 신탁통치를 하셨기 때문에 왕이 없다는 표현은 하나님이 없다는 표현입니다. 하나님의 말씀이 없었기에 그들은 자신이 옳다 생각하는 대로 행동했다는

것입니다. 이스라엘 백성들은 하나님의 이름을 자주 언급하지만 하나님의 말씀은 그들에게 존재하지 않습니다.

살아있는 부모의 재산을 훔치고, 개인 신당을 만들어 우상을 빚어 놓을 뿐만 아니라 그곳에 자격 없는 제사장을 세운 뒤에 하나님이 복 주실 것이라 믿었습니다. 이들은 하나님의 이름을 부르지만 그들의 삶에 하나님의 개입은 전혀 없었습니다. 그저 자기 소견대로 믿을 뿐이었습니다.

우리가 하나님을 믿는다면서 하나님의 말씀을 모른다면 우리도 이스라엘 백성과 별반 차이 없습니다. 아무렇지도 않게 거짓말을 하고, 불의를 저질러도 죄책감이 없고, 안 믿는 사람들이 손가락질 하면 원인을 그들에게서 찾으려 하지 정작 하나님의 말씀대로 살지 않았던 우리의 모습 속에서 찾으려 하지 않습니다.

하나님의 말씀을 자로 재면서 내게 맞다고 생각한 것만 받아들여서는 안됩니다. 말씀 그 자체로 받아들여야 합니다. 세상의 진리는 계속 바뀌지만 하나님의 말씀은 변하지 않기 때문입니다. 말씀이 없는 백성은 망합니다. 북이스라엘이 멸망한 이유도 그들에게 말씀이 없었기 때문입니다.

"내 백성이 지식이 없으므로 망하는도다

네가 지식을 버렸으니 나도 너를 버려

내 제사장이 되지 못하게 할 것이요

네가 네 하나님의 율법을 잊었으니

나도 네 자녀들을 잊어버리리라" (호세아 4:6)

말씀의 부재는 우리를 망하게 합니다.

말씀을 매일 묵상함으로 그 말씀이 내 삶의 기준이 될 때에, 우리가 주님 부르시는 그날까지 살아 있을 수 있고 깨어 있을 수 있습니다.

"내가 주의 법도들을 영원히 잊지 아니하오니

주께서 이것들 때문에 나를 살게 하심이니이다" (시편 119:93)

58
느헤미야의 리더십

느헤미야는 리더십을 말할 때 항상 등장하는 인물입니다.

그는 나라가 힘들고 어려운 시절에 올바른 지도자가 어떤 사람인가를 보여준 대표적인 하나님의 사람입니다. 그는 주변 국가의 심각한 방해에도 성벽재건을 완성한 사람입니다. 일을 진행하다가 난관에 부딪히면 하나님께 먼저 기도하였습니다.

"주는 귀를 기울이시며 눈을 여시사
종의 기도를 들으시옵소서" (느헤미야 1:6)

그리고 하나님께서 마음에 주신 응답을 따라 움직였습니다.

그는 총독이면서도 월급을 받지 않았습니다. 자신이 월급을 받으려면 백성들의 허리가 휘어야 하기 때문입니다. 그는 개발지역을 알지만 땅투기를 하지 않았습니다. 자신이 이득을 취하게되면 백성들은 더 힘들어지기 때문입니다.

그는 당시 삶이 어려운 백성을 위해 자신의 사비를 털어 도움을 주었습니다.

느헤미야는 물질과 권력을 모두 가진 자였지만 자신을 위해 사용하지 않고 오직 하나님 사랑과 이웃사랑을 실천하는데 사용한 것입니다. 그가 이렇게 모범을 보이며 올바른 리더십을 가질 수 있었던 것은 하나님께서 자신을 늘 지켜보고 계심을 아는 신앙에서 나온 것입니다.

"내 하나님이여!
내가 이 백성을 위하여 행한 모든 일을 기억하사
내게 은혜를 베푸시옵소서" (느헤미야 5:19)

사람들은 물질과 권력을 얻기 위해 거짓과 불의를 저지르는데 느헤미야는 하나님 앞에서 정직과 공의를 실행하며 말씀을 따라 살았던 것입니다.

느헤미야의 리더십은, 자신이 유한한 존재임을 인정하고 창조주 하나님께 모든 것을 여쭈며 항상 '하나님 앞에서'(코람데오)임을 인지하며 사는 모습에서 나온 것입니다.

"너희 염려를 다 주께 맡기라
이는 그가 너희를 돌보심이라" (베드로전서 5:7)

59
평안이요 재앙이 아니니라

성탄절이 되면 예수님을 낳으신 마리아를 우리는 동경하지만 당시에 처녀가 아이를 잉태하면 돌 맞아 죽을 수 있는 환경이었습니다. 그럼에도 마리아는 자기의 몸에서 메시아가 태어난다는 소식을 듣고 하나님께 찬양으로 영광 돌렸던 신실한 믿음의 소유자입니다. 그런 마리아에게 시련이 찾아옵니다.

거동하기 힘든 만삭의 몸으로, 아우구스투스 황제의 칙령에 따라 150km나 떨어진 베들레헴으로 가야 하는 상황에 처하게 된 것입니다. 게다가 다윗의 고향인 베들레헴은 많은 사람들이 찾아와 빈 여관도 없어서 마굿간에서 아이를 낳게 된 것입니다. 마리아의 입장을 생각 하면 정말 억울할 것 같습니다. 나름 대로는 최선을 다해 하나님께 순종하며 살았는데 더 힘든 상황을 겪게 되었으니까요.

그런데 성경을 이미 알고 있는 우리는 오히려 감사할 수 밖에 없습니다. 아우구스투스의 호구조사가 아니었더라면 요셉과 마리아는 베들레헴에 가지 않았을 것이고 수백 여년 전부터 예언된 유대 땅 베들레헴에서의 메시야 탄생은 물거품이 되었을 것이기 때문입니다.

우리가 인생을 살아가면서 나는 주님 뜻대로 살고 있는데 어떻게 나에게 이런 일이 일어날 수 있을까? 라는 생각할 때가 있습니다. 이때, 우리 자신을 믿는 것이 아니라, 온 우주를 창조하시고 다스리시는 하나님을 믿어야 합니다.

우리를 의롭게 인도해 주시며, 우리를 통하여 크고 놀라운 일을 행하실 하나님을 신뢰해야 합니다. 비록 지금은 이해하지 못하더라도 시련 속에 좌절을 생각하지 말고 끝까지 하나님을 신뢰함으로, 메시아 예수를 낳은 마리아처럼 하나님을 끝까지 신뢰하며 나아가야 합니다.

"여호와의 말씀이니라

너희를 향한 나의 생각을 내가 아나니

평안이요 재앙이 아니니라

너희에게 미래와 희망을 주는 것이니라." (예레미야 29:11)

60
골로새 교회를 향한 마지막 권면

바울은 골로새교회에 편지를 쓰면서 마지막 두 가지 권면을 통하여 그리스도인으로서 어떠한 자세로 살아가야 하는지를 말해주고 있습니다.

첫째는 기도를 계속하되
감사함으로 깨어 있으라 합니다. (골로새서 4:2)

깨어 기도하지 않으면 공중권세 잡은 자가 우는 사자같이 두루다니며 삼킬 자를 찾기 때문입니다. 베드로도 가이사랴 빌립보에서 신앙고백을 통하여 칭찬받았지만 순간의 실수로 예

수님께 책망 받기도 했습니다.(마 16:16-23)

이처럼 아무리 훌륭한 사도라도 깨어있지 않으면 사단에게 쓰임 받을 수 있기 때문에 항상 깨어 기도하기를 말씀하십니다.

"시험에 들지 않게 깨어 기도하라"(마태복음 26:41)

만유의 주인되신 하나님께 기도로 시시콜콜 물을 때에 성령께서 우리의 연약함을 도우시며 이 세상을 이길 힘과 능력을 주십니다.

둘째는 믿지 않는 사람들에게 본이 되는 삶을 통하여
복음을 잘 전하도록 힘쓰라 합니다. (골로새서 4:6)

2021년도 한국리서치가 국민들에게 종교 호감도를 물었을 때 천주교와 불교는 50%를 넘겼지만 개신교는 31.6%밖에 나오지 않았습니다. 그리스도인의 믿음과 삶이 분리되어서는 안 된다는 것을 분명하게 보여주는 지표입니다.

소금이 맛을 내는 것처럼 그리스도인이 삶에 대한 증거를 가지고 있을 때 그들에게 전해지는 메시지도 힘을 받을 수 있습니다.

삶과 믿음이 일치되지 않는다면 사람들의 마음을 움직일 수 없습니다.

"무릇 하나님께로부터 난 자마다
세상을 이기느니라
세상을 이기는 승리는 이것이니
우리의 믿음이니라." (요한일서 5:4)

61
화목을 이루려면

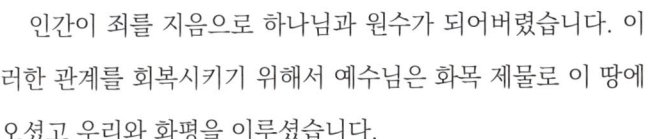

인간이 죄를 지음으로 하나님과 원수가 되어버렸습니다. 이러한 관계를 회복시키기 위해서 예수님은 화목 제물로 이 땅에 오셨고 우리와 화평을 이루셨습니다.

"사랑은 여기 있으니 우리가 하나님을 사랑한 것이 아니요
하나님이 우리를 사랑하사 우리 죄를 속하기 위하여
화목 제물로 그 아들을 보내셨음이라" (요한일서 4:10)

예수님의 희생으로 하나님과 우리가 화목을 이룰 수 있게 된 것입니다. 화목은 그냥 이루어지는 것이 아닙니다. 희생이

있어야만 가능합니다. 내 옆에 있는 사람과 화목을 이루려면 먼저 상대를 사랑해야 합니다. 사랑을 표현할 수 없을 정도의 사이라면 자신을 내려놓는 희생이 필요합니다.

우리를 하나님과 화목게 하시기 위해 예수님은 십자가를 지고 죽음도 당하셨는데 우리가 하나님의 사랑만 받고 그 사랑을 흘려보내지 않는다면 우리는 이기적인 사람들이 됩니다.

예수님이 이 땅에 오신 이유는 하나님과 원수 된 우리를 화목게 하시기 위해 오셨고 우리들 서로가 화목게 되도록 하시기 위해 오셨습니다. 화목은 나의 욕망과 자존심을 내려놓을 때 실현이 가능합니다.

온전한 공동체를 이루려면 교회의 머리 되신 예수님을 중심으로 하나님께 받은 사랑을 흘려보내며 서로 화목할 때 가능한 일입니다. 미워하는 사람이 떠오르거나 거리를 두고 싶은 분이 생각나시면 지옥에 갈 수밖에 없는 나를 용서하시고 자녀 삼아주신 하나님의 사랑을 생각하십시오.

나를 위해 죽으신 예수님의 희생을 떠올리신다면

누군들 용서하지 못하겠습니까?

"새 계명을 너희에게 주노니 서로 사랑하라

내가 너희를 사랑한 것 같이

너희도 서로 사랑하라." (요한복음 13:34)

62
예수를 만난 수가성 여인의 변화

　　예수님은 갈릴리로 올라가시면서 유대인들이 싫어하는 사마리아 땅을 일부러 지나가셨습니다. 사마리아의 수가성에 이르렀을 때 사람들의 눈을 피해 물을 길으러 온 여인에게 물을 달라고 하셨지만 사마리아인과 상종하지 않는 유대인이 말을 걸어오니 여인은 의아해합니다.

　　예수님은 자신이 누구인지 알게 되면 생수를 오히려 내게 구할 것이라고 여인에게 말씀하십니다. 이때 여인은 예수님께 물 길으러 오지 않도록 그런 물을 자기에게 달라 요구합니다.

예수님이 주신다는 생수는 영생하는 물을 말씀하셨지만(계 21:6) 여인이 원하는 물은 당장 자신에게 필요한 것을 말합니다.

하나님께 구하는 이유가 지금 내게 필요한 것을 해결 받기 위해서라면, 예수님을 잘 몰랐을 때 자신의 필요를 구했던 수가성 여인과 다를 바 없습니다. 그러나, 예수님을 알게 된 여인은 자신의 물동이마저 버려두고 예수님을 소개하러 동네로 뛰어갔습니다.

하나님께서는 예수를 믿는 우리가 그에 걸맞은 것을 얻기 위하여 간구하기를 원하십니다. 하나님께 받은 다함 없는 사랑을 그대로 흘려보내지 못한 것과 하나님께 받은 무한한 용서를 적용하지 못했던 연약한 나 자신을 위해 간구하기를 원하십니다.

내가 구하는 것이 시간이 지날수록 다시 갈증을 유발하는 세상의 것들이었다면 이제는 시간이 지나도 갈하지 않는 영생하도록 솟아나는 샘물이며 하늘나라에 속한 것들이어야 합니다.

"내가 주는 물을 마시는 자는

영원히 목마르지 아니하리니

내가 주는 물은 그 속에서

영생하도록 솟아나는 샘물이 되리라." (요한복음 4:14)

63
형식이 아닌 진심

베데스다 연못에 38년 된 병자를 예수께서 고친 사건이 있습니다. 그런데 좀 특이한 점이 있습니다. 보통 병자들이 예수님을 찾아오는데 여기에서는 예수님이 먼저 병자에게 다가가는 것을 볼 수 있습니다. 38년 된 병자는 매일 낫기를 원하여 베데스다 연못에 나와 있지만 변함없는 희망 고문이었습니다. 이 병자의 아픔을 아시는 예수님은 먼저 다가가 그 사람의 병을 고쳐주신 것입니다.

그런데 이날은 안식일이었습니다. 병을 치료받은 병자는 기쁜 마음으로 자리를 들고 나가려 했지만 유대인들은 자리를 들고 나가는 그를 보고 안식일을 어기는 행동이라고 책망합니다. 유대인들에게는 38년 된 병자가 걷게 된 사실은 안중에도 없었습니다. 그저 안식일을 지키지 않았다는 것만 눈에 보였고 정죄한 것입니다. 병자를 치료한 예수님의 행동은 안식일을 뛰어넘는 사랑이었습니다.

형식에 매인 유대인들의 모습과 진심으로 다가간 예수님의 모습 속에 하나님께서 원하시는 것은 형식이 아닌 진심이라는 것을 보여주고 있습니다.

"내가 무엇을 가지고 여호와 앞에 나아가며 높으신 하나님께 경배할까 여호와께서 천천의 숫양이나 만만의 강물 같은 기름을 기뻐하실까 사람아 주께서 선한 것이 무엇임을 네게 보이셨나니 여호와께서 네게 구하시는 것은 오직 정의를 행하며 인자를 사랑하며 겸손하게 네 하나님과 함께 행하는 것이 아니냐" (미가 6:6-8)

하나님 앞에 나아오는 우리는 형식이 아닌 진실된 모습인지, 형제자매 앞에 나아가는 우리는 판단이 아닌 사랑의 모습인지, 점검하고 살펴야 합니다. 하나님은 우리에게 형식이 아닌 진심을 가지고 나아가기를 원하십니다.

"사람의 행위가 자기 보기에는 모두 정직하여도

여호와는 마음을 감찰하시느니라." (잠언 21:2)

PART 4

흔들릴 때 다시 돌아갈 말씀

하나님의 말씀은 흔들리지 않는 진리

64
때를 이루시기까지

성경에서는 시간을 두 가지로 말합니다. 모든 사람에게 동일하게 주어지며 계속해서 흘러가는 시간과 계획이나 약속으로 정해진 시간입니다. 예수께서 공생애를 시작하실 때 사단은 세상 권력으로 예수님을 시험하였습니다. 오병이어의 기적을 일으켰을 때 사람들은 왕으로 삼으려 했습니다. 이때 예수님은 말씀으로 사단을 물리치셨고 사람들의 요구 때에는 조용히 홀로 기도하러 가셨습니다.

가나 혼인 잔치에서 예수님이 메시아임을 알고 있는 마리아가 예수께 기적을 요구했을 때 아직 때가 이르지 않았음을 말씀하셨고, 동생들이 예수께 찾아와 자신을 세상에 드러내라고 말할 때에도, 그리고 예수를 잡고자 하는 자들이 왔을 때에도 동일한 말씀을 하셨습니다.

이와 반면에 예수께서 잡히시던 밤, 제자들과 성만찬을 행하신 후 "때가 이르렀다"(요 16:33)는 말씀을 하시고 산으로 기도하러 올라가셨습니다. 예수님이 말씀하신 "때"는 사람들에게 잡혀 고통당하시다가 십자가에서 죽는 "때"였습니다. 세상 죄를 져야 되는 고통이 얼마나 큰지를 아시기에 "이 잔을 내게서 옮기시옵소서"(마 26:39)라고 기도하기도 하셨습니다.

그러나 결국 이 "때"를 위해 오셨기에 "나의 원대로 마시옵고 아버지의 원대로 하옵소서" 하시며 기도를 마치시고 십자가를 향해 가셨습니다. 예수님은 이 "때"를 이루시기 위하여 여러 유혹에 굴하지 않고 묵묵히 걸어오신 것입니다.

무수히 많은 사람들이 물질과 명예와 권력을 위해서라면 서슴치 않고 죄와 타협하며 유혹에 빠지는 모습을 보게 됩니다. 예수를 믿는 우리에게는 하나님 나라의 대사라는 직분과 거룩한 백성이라는 정체성과 땅끝까지 예수님의 제자로 살아야 하는 사명을 가지고 있습니다.

예수께서 십자가의 사명을 이루기 위해 모든 유혹을 물리치신 것처럼, 우리에게 주어진 이 사명을 감당하기 위하여 죄와 타협하지 말아야 합니다. 세상은 믿는 우리를 유혹할 때, 손에 잡히고 눈에 보이는 것으로 합니다. 그리하여 우리가 가진 사명을 망각게 합니다. 예수를 닮기 원한다는 것은 예수께서 세상과 타협하지 않고 수많은 유혹에 굴하지 않고 걸었던 그 길을 함께 걸어가겠다는 결심입니다.

"내가 달려갈 길과 주 예수께 받은 사명
곧 하나님의 은혜의 복음을 증언하는 일을
마치려 함에는 나의 생명조차 조금도
귀한 것으로 여기지 아니하노라." (사도행전 20:24)

65
진리가 너희를 자유케 하리라

세계의 역사를 살펴보면 문화와 환경과 배경에 따라 진리가 변한다는 것을 알 수 있습니다. 이는 세상에서는 변하지 않는 진리를 찾을 수 없음을 보여 줍니다. 변하지 않는 진리를 찾지 못하면 절대적 도덕이나 기준도 찾을 수 없다는 말이 됩니다.

절대적 진리와 도덕을 가지고 변하지 않는 삶의 기준을 말할 수 있는 분은 변함없는 창조주 하나님밖에 없습니다. 하나님은 변하지 않는 진리를 말씀하셨고 성경에 기록하여 우리로 하여금 하나님의 뜻을 깨달을 수 있도록 하셨습니다.

"예수께서 이르시되

내가 곧 길이요 진리요 생명이니" (요한복음 14:6)

예수께서 자신이 "진리"라고 하셨습니다. 그리고 그 진리가 우리를 자유롭게 할 것이라 말씀하셨습니다. 모든 사람은 죄를 범하였고 죄에 묶여 참된 자유를 잃었습니다.

"죄를 범하는 자마다 죄의 종이라" (요한복음 8:34)

죄의 종이 된 우리를 해방시키고 자유를 주시기 위해 예수님은 십자가의 길을 가신 것입니다.

"이제는 너희가 죄로부터 해방되고 하나님께 종이 되어

거룩함에 이르는 열매를 맺었으니

그 마지막은 영생이라" (로마서 6:22)

이것이 진리의 선포입니다. 예수께서 "나로 말미암지 않고는 아버지께로 올 자가 없느니라" 말씀하신 이유가 여기에 있습니다. 예수를 믿어야만 하나님께로 갈 수 있고 영생을 얻을 수 있다는 이 진리는 변하지 않습니다.

"그런즉 우리는 서서 진리로 허리 띠를 띠고" (에베소서 6:14)

변하지 않는 진리의 말씀을 우리의 삶의 기준으로 두고 진리되신 예수님을 선포하며 당당하게 살아가야 합니다.

"하나님은 모든 사람이 구원을 받으며
진리를 아는 데에 이르기를 원하시느니라." (디모데전서 2:4)

66
공존할 수 없는 빛과 어두움

세상에는 공존할 수 없는 것들이 있는데 빛과 어두움도 그 중의 하나입니다. 요한복음에서는 예수님을 빛으로, 하나님을 대적하는 무리를 어두움으로 소개하면서 빛과 어두움이 서로 부딪히고 있음을 보여줍니다.

예수님은 공생애 기간 동안 다니시는 곳곳마다 빛을 비추셨습니다. 어두움에 있던 사람들은 이 빛이 자신들에게 비추일 때마다. 상반된 반응을 나타냈습니다. 어떤 이들은 마음에 찔림이 와서 예수님을 믿고 따르는가 하면, 어떤 이들은 마음에 찔림이 오니 예수님을 모함하고 죽이려 했습니다.

어두움은 나의 치부를 가리고 죄를 지으면서도 죄인인 줄 모르게 합니다. 겸손한 마음으로 우주 만물을 보면 창조주를 부인할 수 없지만 그러고 싶지 않습니다. 어두움이 적당히 나를 가려주니 괜찮게 사는 것으로 여겨지고 하나님을 찾고 싶지도 않았던 것입니다.

"하나님을 알되 하나님을 영화롭게도 아니하며
감사하지도 아니하고
오히려 그 생각이 허망하여지며
미련한 마음이 어두워졌나니" (로마서 1:21)

그러나 내 위에 빛이 비추이면 내가 어떤 존재였는지를 알 수 있게 됩니다. 빛이신 예수님이 내 안에 들어오면 내가 죄인이라는 것을 깨닫게 해 줍니다. 어두움 속에서 어디로 가야 할지 길을 찾을 수 없었으나 빛이 들어오니 내가 가야할 길이 너무도 잘 보입니다. 빛이신 예수님을 마음속에 모시면 내 안에 있는 어두움이 물러가기 때문에 진리를 발견하게 되고 길을 찾게 됩니다. 예수를 만나 빛으로 가득 찬 우리는 어두운 세상을 비추어 그들이 생명을 얻도록 도와주어야 합니다.

"너희가 전에는 어둠이더니

이제는 주 안에서 빛이라

빛의 자녀들처럼 행하라" (에베소서 5:8)

"이같이 너희 빛이 사람 앞에 비치게 하여

그들로 너희 착한 행실을 보고

하늘에 계신 너희 아버지께 영광을 돌리게 하라" (마태복음

5:16)

67
하나님은 선하십니다

하나님은 선을 행하시는 분이십니다. 그런데 악인의 형통은 이해할 수 없습니다. 적어도 악인이 죽을 때만큼이라도 고통스럽게 죽을 줄 알았는데 너무 평안히 죽음을 맞이하니 더욱 혼란스럽습니다. 선한 사람들이 당하는 고난이 그들에게는 찾아오지도 않을 뿐 아니라 점점 부와 명예는 커져가고 탐욕은 하늘 높은 줄 모르듯 더해갑니다. 이들은 하나님을 두려워하지도 않습니다.

반면, 신앙이 무척 좋은 분인데 경제적인 어려움이나 건강의 이상을 호소하며 고난 가운데 지냅니다. 이해하려고 해도 이해할 수 없는 이러한 상황을 우리는 종종 보며 신앙에 대한 회의가 들기도 합니다. 하박국 선지자도 이와 동일한 세상을 보며 하나님께 원망하듯 질문하였습니다.

이때 하나님은 악인들의 행위를 좌시하지 않으신다는 것과 행한 대로 반드시 심판하신다는 것을 분명하게 말씀해 주셨습니다. 하나님은 공의로 세상을 다스리시며 악을 미워하실 뿐 아니라 실수가 없으신 분이기 때문입니다.

"우리가 다 반드시 그리스도의 심판대 앞에
나타나게 되어 각각 선악 간에
그 몸으로 행한 것을 따라 받으려 함이라" (고린도후서 5:10)

그러나 하나님의 뜻을 따라 선을 행하는 하나님의 사람들에게는 더 이상 눈물과 고통과 죽음이 없는 영원한 천국으로 인도하셔서 그들의 눈물을 닦아주시고 세상의 고통과 비교할 수 없는 영화로운 상급을 약속해 주셨습니다.

이 땅에서의 삶은 짧지만 하나님 나라는 영원합니다. 이 땅에서 어떻게 살았느냐에 따라 자기의 행위대로 심판을 받아 영원한 불 못에 던져지기도 하고,(계 20:13~14) 거룩한 하나님 나라 백성으로 영광을 누리며 살 수도 있습니다.(계 21:3~4)

악인의 결국은 심판과 재앙이지만 선인의 결국은 영원한 생명의 부활입니다. 우리의 정체성을 바로 알고 산다면 악인의 형통을 전혀 부러워하지 않고 선한 삶을 추구하며 살 수 있습니다. 하나님은 악을 미워하시고 선을 행하시는 분이시며 행한 대로 정의의 심판을 하시는 분이십니다.

"그러므로 내 사랑하는 형제들아
견실하며 흔들리지 말고
항상 주의 일에 더욱 힘쓰는 자들이 되라
이는 너희 수고가 주 안에서 헛되지 않은 줄 앎이라" (고린도전
서 15:58)

68
메멘토 모리

라틴어로 "메멘토 모리Memento mori"는 "너는 반드시 죽는다는 것을 기억하라"입니다. 로마제국 당시 전투에서 승리를 거두고 개선하는 전쟁의 영웅 뒤에서 "메멘토 모리"를 외치게 하여 겸손함을 잃지 않도록 했다고 합니다. 죽음은 이처럼 개선 장군도 겸손하게 만드는 존재입니다.

세상에 태어난 사람은 반드시 가야 할 길이지만 막상 그 죽음을 생각하면 마음에 공포와 두려움이 밀려옵니다. 죽음 이후를 전혀 알지 못하기 때문입니다. 인간의 고뇌를 다루는 철학에서 빠질 수 없는 주제도 죽음입니다.

죽음을 이겨보려고 노력하지만 죽음 앞에서 무너지는 수많은 사람들을 우리는 알고 있습니다. 이렇게 죽음에 대해 알 수 없는 우리에게 인간의 죽음은 죄로부터 왔으며 죽음 이후에는 심판이 있다는 것을 말씀을 통하여 알려주셨습니다. 하나님께서 사람을 창조하실 때 흙을 빚어 사람을 만드셨지만 생명은 하나님께로부터 왔습니다.

"여호와 하나님이 땅의 흙으로 사람을 지으시고
생기를 그 코에 불어 넣으시니
사람이 생령이 되니라" (창세기 2:7)

그러나 모든 사람이 죄를 지음으로 하나님께 다시 돌아가지 못하게 된 것입니다.

"모든 사람이 죄를 범하였으매
하나님의 영광에 이르지 못하더니" (로마서 3:23)

하나님은 이 문제를 해결하시려 죄 없는 예수에게 십자가를 지게 하셨고 그를 믿는 자들의 죄를 도말 하셨던 것입니다. 철저한 무신론자였던 이어령 선생이 딸을 통해 예수님을 만나게 되었고 죽음이 하나님께로 다시 돌아가는 것임을 깨달아 죽음에 대한 많은 글을 남기셨습니다. 그리고, 기대하고 소망하던 하나님 품으로 가셨습니다.

성도에게 죽음은 공포가 아닙니다. 콩닥거리는 가슴으로 나를 맞아주실 하나님 품에 가기 위한 문에 불과합니다. 우리를 영접하실 하나님을 기대하며 소망을 가지고 죽음을 바라볼 수 있는 특권을 우리는 가지고 있습니다.

"보라 하나님의 장막이 사람들과 함께 있으매
하나님이 그들과 함께 계시리니
그들은 하나님의 백성이 되고
하나님은 친히 그들과 함께 계셔서
모든 눈물을 그 눈에서 닦아 주시니
다시는 사망이 없고 애통하는 것이나
곡하는 것이나 아픈 것이 다시 있지 아니하리니
처음 것들이 다 지나갔음이러라" (요한계시록 21:3-4)

69
율법보다 마음

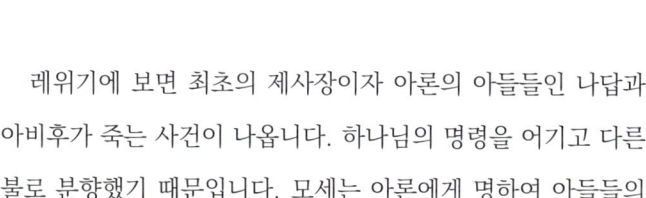

레위기에 보면 최초의 제사장이자 아론의 아들들인 나답과 아비후가 죽는 사건이 나옵니다. 하나님의 명령을 어기고 다른 불로 분향했기 때문입니다. 모세는 아론에게 명하여 아들들의 죽음에 통곡하지 말라 하지만 아비된 아론의 마음은 많이 아팠을 것입니다.

다른 아들들은 쉼 없이 규례를 따라 제사를 계속 드려야 했는데 또다시 율법을 어기는 사건이 일어났습니다. 속죄제를 드린 염소의 고기는 회막 안에서 먹어야 하는데(레 6:26) 통째로 다 태워버린 것입니다. 그런데 이번에는 하나님께서 그들을 이해해 주십니다.

같은 날 일어난 사건이지만 하나님은 분명한 기준을 두신 것입니다. 나답과 아비후는 교만한 마음으로 불순종하였지만 엘르아살과 이다말은 자신들의 죄가 더해질 것 같아 고기를 포기하고 태워드린 것입니다. 교만한 마음인지 진실한 마음인지 하나님은 분명한 차이를 두고 계십니다. 제사장들만 먹을 수 있는 진설병을 다윗이 먹었던 사건이 있었지만 하나님은 다윗을 징계하지 않았습니다.

반면, 성전에서 분향하려던 웃시야 왕은 문둥병이 걸려 죽는 날까지 낫지 않았습니다. 다윗은 사울에게 쫓기는 신세로 자신을 따르는 사람들을 살리기 위해 진설병을 먹게 된 것이지만 웃시야는 강성대국을 이루게 하신 하나님을 잊고 제사장의 만류에도 불구하고 기고만장한 상태로 자신이 직접 분향을 드렸던 것입니다.

둘의 차이는 마음 중심에 있습니다. 이처럼 하나님은 우리 마음 중심을 살피시는 분입니다. 내가 아무리 외모로 거룩함을 드러낼지라도 내 마음 중심이 하나님께 있지 않다면 내 만족을 위한 몸짓에 불과합니다. 하나님이 우리에게 원하시는 것은 인간의 기본적인 욕구를 충족시키기 위한 종교 생활이 아니라 마음 중심이 있는 인격적인 교제입니다.

"너는 마음을 다하고
뜻을 다하고 힘을 다하여
네 하나님 여호와를 사랑하라" (신명기 6:5)

"여호와께서는 모든 마음을 감찰하사
모든 의도를 아시나니" (역대상 28:9)

70
전염병을 바라보는 성경적 시각

지난 2019년부터 3년간 코로나가 전 세계를 뒤덮은 적이 있었습니다. 초기에 코로나를 퍼뜨리는데 이단들이 앞장서기도 했고, 교회들이 규칙을 지키지 않아 비판을 받는 일도 종종 있었습니다.

레위기서를 보면 전염병이 백성 중에 있을 때 증상의 의심과 진단, 확진과 격리, 그리고 재발과 회복의 과정에 대해 어떻게 진단하고 격리해야 하는지 자세히 설명해 주고 있습니다. 이 과정을 지난 후 깨끗이 나았을 때 비로소 하나님 앞에 나아와 정결 의식을 행할 수 있었던 것입니다.

레위기가 기록된 시대를 생각한다면 성경에서 전염병에 대하여 다루는 내용이 상당히 의학적으로 접근했음을 알 수 있습니다. 이스라엘 공동체를 보호하시기 위해 철저한 격리와 진단을 지시하신 것입니다.

'하나님이 우리를 지키시니까 괜찮아' 이러한 생각으로 전염병을 대한다면 아주 위험할 뿐만 아니라 하나님께서 일러주신 말씀들을 무시하는 행동이 되는 것입니다. 인간이 죄를 지음으로 들어온 질병은 이 세상에 살아가고 있는 동안 언제든지 우리에게 찾아올 수 있습니다. 사단의 위협이 있는 세상 속에서 본향을 향해 나그네로 살아가는 우리에게 완전한 그 날이 오기까지 불완전한 상황은 계속될 것입니다.

흔들리는 상황 속에도 반드시 기억해야 할 것이 있습니다. 내가 전염병에 걸려 신음할 때도 하나님은 나를 보호하고 계시며, 내가 고난 가운데 괴로워할 때도 하나님은 나를 지키시는 분이며, 내가 두려움과 외로움에 떨고 있어도 하나님은 나를 사랑하고 계신다는 것입니다. 사단은 마치 하나님께서 나를 잊으신 것처럼 생각하게 만들 뿐아니라 전염병이 창궐할 때 '하나님이 지키시니까 괜찮다'는 말로 하나님을 시험하게도 만듭니다.

그러나 하나님은 전염병이 일어날 때 내가 속한 공동체를 위해 어떻게 움직여야 하는지를 말씀해 주셨습니다. 전염병이 창궐하는 때에도 하나님의 손이 짧아서 우리를 구원하지 못하시는 것이 아닙니다.(사 59:1) 하나님의 궁극적인 목적은 이 땅에서의 나그네 된 삶 가운데 우리가 하나님을 떠나지 않고 본향을 향해 끝까지 걸어갈 수 있도록 힘주시며 지키시고 인도하시는 것입니다.

"내가 확신하노니 사망이나 생명이나
현재 일이나 장래 일이나 능력이나
다른 어떤 피조물이라도 우리를
우리 주 그리스도 예수 안에 있는
하나님의 사랑에서 끊을 수 없으리라." (로마서 8:38-39)

71
육체의 생명은 피에 있습니다

오래전에 방송에서 뇌사에 관한 논쟁이 있었고 당시 종교계에 있는 분들도 초청되어 뇌사에 대한 각 종교의 견해를 말하기도 했습니다. 뚜렷한 답이 없는 상태로 토론은 끝났지만 사람을 창조하신 하나님은 육체의 생명은 피에 있음을 분명하게 말씀해 주셨습니다.

"육체의 생명은 피에 있음이라
내가 이 피를 너희에게 주어 제단에 뿌려
너희의 생명을 위하여 속죄하게 하였나니
생명이 피에 있으므로 피가 죄를 속하느니라"(레위기 17:11)

사람의 몸을 돌고 있는 피가 멈출 때 인체에서 일어나는 현상은 뇌세포가 죽을 뿐만 아니라 모든 장기에 괴사가 일어납니다. 뇌사는 다시 살아날 가능성이 일어날 수도 있지만 피가 멈추면 몸에서는 괴사가 시작됩니다. 육체의 생명은 피에 있기 때문에 구약시대에 제사를 드릴 때에도 드려진 제물의 고기는 먹되 피는 먹지말라 하신 것입니다.(신 12:25)

이 제사법을 통하여 하나님께서는 사람이 죄를 지었을 때 그 죄를 용서받을 수 있는 유일한 방법은 죄 없는 사람이 대신하여 생명의 피를 흘려야 함을 알려 주셨습니다.

"율법을 따라 거의 모든 물건이 피로써 정결하게 되나니 피흘림이 없은즉 사함이 없느니라" (히브리서 9:22)

인간의 죄를 짐승이 대신할 수 없습니다. 오직 죄 없는 사람만이 대신할 수 있습니다. 사람을 사랑하신 창조주 하나님은 죄지은 사람을 살리기 위해 인간 구원 프로젝트를 진행하셨고, 예수께서 죄 없는 몸으로 세상에 오시어 십자가에서 모든 피를 흘리심으로 이 일을 단번에 완성하셨습니다. 그리고 그를 믿는 모든 자들의 죄를 용서하시고 거룩하게 하셨습니다.

"이 뜻을 따라 예수 그리스도의 몸을 단번에 드리심으로 말미암아 우리가 거룩함을 얻었노라" (히브리서 10:10)

예수께서 십자가에서 죽으실 때 성소의 휘장이 갈라진 것은 죄로 막힌 담을 예수의 피로 허무셨다는 증거입니다. (히 10:24)

육체의 생명은 피에 있고 피가 죄를 속하기 때문에 예수님은 우리를 위해 피를 흘리신 것입니다. 우리가 예수님을 믿을 뿐만 아니라 찬양하고 경배해야 할 이유가 여기에 있습니다.

"율법을 따라 거의 모든 물건이
피로써 정결하게 되나니
피흘림이 없은즉 사함이 없느니라" (히브리서 9:22)

72
고난주간을 어떻게 보낼까?

고난주간이 되면 왠지 나도 고난에 동참하기 위해 뭔가 나를 자학하는 행동을 해야 할 것 같은 마음이 듭니다. 실제로 지금도 고난주간만 되면 무거운 십자가를 짊어지고 십자가에 못 박히는 등 예수님이 당하셨던 고난을 직접 체험하며 지내는 사람들이 있습니다. 그러나 예수님이 지신 십자가의 무게는 우리들이 경험을 통해서 느낄 수 있는 수준이 아닙니다.

우리들은 죄인들이지만 예수님은 아무 죄가 없는 분이며 창조주 하나님이십니다. 사람의 몸을 입고 이 땅에 오신 것도 엄청난 비하인데 인간을 구원하시기 위해 죄없는 몸으로 십자가의 길을 순종함으로 걸으신 걸음은 세상의 그 어떤 무거운 짐과도 비교할 수 없는 짐을 지고 가시는 걸음입니다.

우리가 몸으로 고난을 체험한들 예수님이 걸으신 고난의 길을 느낄 수도, 헤아릴 수도 없습니다. 내가 고난을 체험함으로 참여하는 것보다는 하나님의 위대한 사랑을 받은 자로서 그 사랑을 최대한 흘려보내는 것이 고난주간의 의미를 더욱 크게 합니다.

나의 죄를 사하기 위해 십자가의 길을 가신 예수님, 새벽에 열리는 불법 재판임을 아시면서도 항변 없이 십자가의 길을 가신 예수님, 십자가를 지셔야만 이룰 수 있는 구원이기에 묵묵히 가셨던 Via Dolorosa(고통의 길).

예수님의 걸음에는 사랑이 담겨있고 그 사랑을 머금고 우리는 구원 받았습니다. 우리는 하나님께 받은 사랑을 세어보고 감사하며 그 사랑을 흘려보내는 고난주간으로 맞이해야 합니다.

"우리가 아직 죄인 되었을 때에

그리스도께서 우리를 위하여 죽으심으로

하나님께서 우리에 대한 자기의 사랑을 확증하셨느니라" (로

마서 5:8)

73
연약함을 도우시는 분

예수님은 제자들과 함께 다니며 머지않아 자신에게 일어날 죽으심과 부활을 설명해 주셨지만 제자들에게는 이해하기 어려운 말씀이었습니다. 그렇기 때문에 예수님의 죽으심은 제자들에게는 공포 그 이상으로 다가왔습니다.

예수님의 부활을 생각지도 못한 그들은 두려움에 모든 문을 꽁꽁 잠그고 있었습니다. 예수님이 부활하셨다는 여인들의 이야기도, 무덤에서 예수님의 시신이 사라졌음에도, 그들은 부활을 생각하지 못했습니다. 이때 예수님은 그들에게 나타나셔서 책망이 아닌 위로를 건넵니다.

"너희에게 평강이 있을지어다" (요한복음 20:19)

예수님이 부활했다는 것을 믿지 않았던 도마에게 8일 뒤에 나타나셨을 때에도 책망이 아닌 위로를 건넵니다.

"너희에게 평강이 있을지어다" (요한복음 20:26)

예수님의 부활을 목격했던 제자들이 물고기를 잡으러 갈릴리 호수에 나갔을 때에도 따뜻하고 부드러운 목소리를 건네십니다.

"그물을 배 오른편에 던지라 그리하면 잡으리라" (요한복음 21:6)

제자들의 소극적이고 믿음 없는 모습에 충분히 책망하실만한 상황이지만 예수님은 한결같이 부드러운 모습으로 그들에게 다가가셨습니다. 오히려 믿음 없는 그들을 믿고 지상명령을 주십니다.

"너희는 온 천하에 다니며

만민에게 복음을 전파하라" (마가복음 16:15)

예수님을 배반하기까지 했던 베드로에게
책망이 아닌 더 큰 사명을 맡기셨습니다.

"내 양을 먹이라" (요한복음 21:17)

며칠 후, 보혜사 성령님의 도움으로 예수님의 모든 사역을 깨
닫게 된 제자들은 예수님의 지상명령을 그대로 준행합니다. 아
무것도 할 수 없을 것 같은 제자들이 예수님의 증인이 되기 위해
서라면 죽음을 두려워하지 않고 나아갑니다. 연약한 제자들을
끝까지 기다려 주시고 배반을 넘어 저주까지 한 베드로를 찾아
가 더 큰 사명을 주신 예수님의 사랑이 가능케 한 것입니다.

이러한 예수님의 모습은 고스란히 우리에게 투영됩니다. 주
님은 우리의 연약함을 아시고 책망이 아닌 따뜻한 손길로 위로
하시며 힘을 주시는 분이십니다. 스스로 박한 평가를 할 때에
도 인자하신 모습으로 우리에게 찾아와 도전할 수 있는 용기를
주시는 분이십니다.

우리는 지금 나의 연약함에 실망하기보다 나보다 나를 더 잘 아시는 성령께서 나를 도우신다는 것을 깨닫고 포기하지 않는 자세와 더불어 내 안에 계신 성령님을 의지하는 것이 필요합니다. 내가 예수님을 믿는다는 것은 하나님께서 나를 부르셨다는 것이며 나를 부르셨다는 것은 나를 사랑하신다는 말씀입니다. 세상의 잣대가 아닌 하나님의 잣대로, 책망이 아닌 평강을 건네며, 우리를 찾아오셔서 "내 사랑아"라고 불러주십니다.

"이와 같이 성령도 우리의 연약함을 도우시나니

오직 성령이 말할 수 없는 탄식으로

우리를 위하여 친히 간구하시느니라" (로마서 8:26)

74
다음 세대를 위하여

5월은 가정의 달입니다. 어린이날이 있고 어버이날이 있고 부부의날이 있습니다. 가정의 중요성은 아무리 강조해도 지나침이 없는 까닭은 하나님께서 만드신 제도이기 때문입니다.

사사시대가 끝나갈 무렵 자녀교육의 중요성을 느끼게 하는 상반된 두 부모의 모습이 나옵니다. 평범한 여인 한나와 당시 대제사장이었던 엘리입니다. 한나는 자녀가 없는 이유로 수많은 고통을 당하지만 이 모든 것을 하나님 앞에만 가지고 와서 토로하며 간절히 부르짖습니다. 하나님은 그의 기도에 응답하셨습니다.

한나는 그 아이를 3살이 되기까지 최선을 다해 하나님의 자녀로 양육한 뒤 서원한 대로 대제사장 엘리에게 보냅니다. 그리고 명절 때마다 자녀를 찾아가 하나님의 사람으로 잘 성장하도록 돕습니다.

엘리에게는 제사장직을 맡고 있는 두 아들이 있었습니다. 이들은 하나님을 알지 못했으며 백성이 하나님께 드린 예물을 갈취하며 온갖 만행을 저질렀습니다. 보다 못한 백성들이 엘리에게 알렸지만 말로 혼낼 뿐 그냥 지나갑니다. 이러한 엘리의 행동에 대해 하나님은 사자를 보내어 이렇게 말씀하십니다.

> "너희는 어찌하여 내가 내 처소에서 명령한 내 제물과 예물을 밟으며 네 아들들을 나보다 더 중히 여겨" (사무엘상 2:29)

한나는 하나님을 아는 믿음을 가졌지만 엘리는 대제사장임에도 불구하고 하나님보다 아들들을 더 중요하게 여겨 아들들의 죄를 방관하였습니다. 한나의 뒷모습을 보고 자란 사무엘은 왕정 시대를 여는 위대한 선지자가 되었지만, 엘리의 뒷모습을 보고 자란 홉니와 비느하스는 블레셋과의 전투에서 법궤를 빼앗기고 죽임까지 당했습니다.

자녀들은 부모의 뒷모습을 보고 자랍니다. 다음 세대를 위하여 우리는 자녀들에게 어떤 뒷모습을 보여주고 있는지 돌아보게 됩니다.

"나는 마음이 온유하고 겸손하니
나의 멍에를 메고 내게 배우라" (마태복음 11:29)

75
이 시대에 필요한 균형 잡힌 신앙

평행봉을 하려고 올라갔는데 한쪽이 기울어져 있으면 그 평행봉에서 바로 내려와야 합니다. 그렇지 않으면 크게 다치게 됩니다. 예수님을 믿는 우리가 말씀을 기준으로 균형잡힌 신앙을 가지고 있으면 사회에 본이 되는 사람이 되지만 균형 잡힌 신앙을 가지지 않으면 주변에 있는 사람들을 힘들게 만듭니다.

엘리 제사장에게는 홉니와 비느하스라는 두 아들이 있는데 이들도 제사장의 직분을 담당하고 있었지만 하나님께 드릴 예물에 손을 대며 백성들에게는 악을 행하였습니다.

어느 날 블레셋이 쳐들어와 엘리의 아들들은 전쟁터에 나갔지만 4천명이나 되는 병사를 잃고 돌아옵니다. 이들은 법궤를 들고 나가면 승리할 것이라는 확신을 가지고 엘리의 반대에도 불구하고 법궤를 들고 다시 전쟁터에 나갑니다. 하지만 3만명이나 되는 병사와 함께 엘리의 두 아들은 죽임을 당하고 법궤는 빼앗겨 버립니다.

법궤를 빼앗겼다는 소식에 엘리는 땅에 고꾸라져 목이 부러진 상태로 죽고 만삭인 비느하스의 부인마저 하나님의 영광이 이스라엘에서 떠났다는 한탄과 함께 죽음을 맞게 됩니다. 이스라엘 백성들의 편협한 신앙은 3만이 넘는 병사와 대제사장 엘리 가족을 죽음으로 몰아넣었습니다.

이스라엘 백성들은 요단강을 건너고 여리고 성을 무너뜨린 위력이 법궤에서 나왔다고 생각했지만 법궤가 아닌 말씀에 순종함에 있었습니다. 이스라엘 백성들이 말씀에 순종했을 때, 법궤가 움직이는 곳마다 하나님이 역사하신 것이지만 이스라엘 백성들이 하나님을 떠났을 때에는 법궤가 있어도 하나님은 계시지 않았습니다.

사무엘이 처음 하나님의 음성을 들었을 때에도 사람들이 하나님을 믿는다지만 말씀이 부재하여 자기 소견대로 행동했기에 하나님의 말씀이 이스라엘에 없었던 것입니다.

"여호와의 말씀이 희귀하여
이상이 흔히 보이지 않았더라" (사무엘상 3:1)

편협한 신앙이 주를 이루고 있던 시기에도 사무엘은 하나님의 말씀을 가까이 하였기에 균형 잡힌 신앙생활을 할 수 있었고 그런 사무엘에게 하나님은 함께 하셨습니다. 하나님의 말씀은 우리가 균형잡힌 신앙을 가질 수 있도록 도와주며 어떠한 상황에서도 흔들리지 않게 하며 믿음의 열매를 맺게 합니다.

법궤는 빼앗겼어도 말씀에 순종하는 사무엘이 있었기에 하나님의 영광은 임했습니다. 우리에게 필요한 것은 자기 소견대로 믿는 편협한 믿음이 아니라 말씀을 따라 균형잡힌 신앙을 갖는 것입니다.

"너희는 말씀을 행하는 자가 되고
듣기만 하여 자신을 속이는 자가 되지 말라" (야고보서 1:22)

76
게으름을 경계하라

설교 중에 자주 등장하는 예화가 있습니다. 악마들의 전략 회의 내용인데, 기독교인들을 실족시킬 방안을 모의하다가 "오늘은 불편하니까 내일부터 하자"는 게으른 마음을 심어주자고 했답니다.

지어낸 이야기이겠지만 믿는 이들에게 경각심을 주기에 충분한 말입니다. 게으름은 악마의 가장 강력한 무기입니다. 톨스토이는 "게으른 자의 머릿속은 악마가 살기에 가장 좋은 곳"이라고 했습니다. 하나님은 천지를 창조하신 후 사람에게 노동이라는 신성한 명령을 주셨습니다.

"하나님이 그들에게 복을 주시며 하나님이

그들에게 이르시되 생육하고 번성하여 땅에 충만하라,

땅을 정복하라, 바다의 물고기와 하늘의 새와

땅에 움직이는 모든 생물을 다스리라" (창세기 1:28)

이 말씀을 이루기 위해서 우리는 부지런해야만 합니다. 하나님이 창조하신 우주는 광대합니다. 하나님이 창조하신 자연과 생물을 다스리기에는 아직도 모르는 것이 너무 많습니다. 미지(未知)가 무지(無知)로 끝나지 않도록 발전시켜야 할 과학과 의학은 넘쳐납니다. 더 부지런히 공부하고, 더 부지런히 연구하고, 더 부지런히 일하고 노력해야 합니다. 경쟁사회이기 때문이 아니라 하나님이 우리에게 부탁하신 만물을 정복하고 다스리기 위해서입니다.

사도바울은 데살로니가 교회에 "누구든지 일하기 싫어하거든 먹지도 말게 하라"(살후 3:10)고 했습니다. 사도바울이 이렇게 말할 수 있었던 것은 그가 복음을 전하기 위해 밤낮으로 일하며 부지런히 살았기 때문입니다. 예수님도 천국을 준비하지 못한 게으른 다섯 처녀들을 미련하다고 책망하셨습니다. 게으름은 하나님의 창조 섭리를 무시하는 행위이기에 죄입니다.

우리가 사단의 전략을 무마시킬 수 있는 비결은 Right Now!(지금 당장)입니다. 부지런한 사람에게는 악마의 계교가 힘을 잃습니다. 하나님께 쓰임 받은 성경 인물들은 한결같이 일하는 중에 부름 받았습니다.

"부지런하여 게으르지 말고
열심을 품고 주를 섬기라" (로마서 12:11)

77
올바른 믿음

사울은 잘못된 믿음을 적용하여 큰 낭패를 본 사건이 있습니다. 블레셋이 이스라엘을 치려 할 때, 그 수가 해변의 모래처럼 많으므로 이스라엘 병사들은 주눅이 들어 있었습니다. 하지만 요나단은 하나님께 응답을 받은 후 담대한 믿음을 가지고 적진에 뛰어들었습니다. 하나님은 요나단을 보호하시기 위해 블레셋이 있는 땅을 진동시키며 그들을 혼미케 하셨던 것입니다.

이러한 상황을 듣게 된 사울은 제사장을 불러 하나님의 뜻을 여쭙다가 긴박해지니까 묻기를 포기합니다. 대신 자신과 백성의 헌신이 있어야 전쟁에 승리할 수 있다는 생각으로 군인들에게 금식을 선포합니다. 그러나 금식으로 굶주린 병사들은 블레셋을 계속 추격할 수가 없었고, 하나님 또한 추격을 묻는 사울에게 응답하지 않으셨습니다.

음식을 먹고 전쟁을 했더라면 그들을 섬멸할 수 있는 절호의 기회였기에 요나단은 이 상황을 몹시 안타까워했습니다.

"내 아버지께서 이 땅을 곤란하게 하셨도다" (사무엘상 14:29)

그 후로 블레셋은 틈만 나면 이스라엘을 괴롭히기 시작했습니다. 사울은 급하면 하나님을 찾다가도 더 급하면 인간의 방법을 찾아 움직였습니다. 이런 사울에게 하나님은 한 번도 응답하지 않으셨습니다.

그러나 전쟁이 하나님께 속한 것임을 알고 여호와의 구원은 사람이 많고 적음에 달리지 않다고 고백(삼상 14:6)하는 요나단에게는 즉각 응답 하셨습니다. 여호수아가 여리고를 무너뜨렸을 때에도 이스라엘 백성들이 한 일은, 여리고 성을 말없이 돈 것밖에 없습니다. 미디안 연합군이 쳐들어왔을 때에도 기드온과 군인들이 한 일은 나팔과 항아리 횃불을 가지고 소리 지른 것 밖에 없습니다.

　　모두 하나님이 하셨던 것입니다. 요나단은 이것을 알았고, 사울은 이것을 몰랐습니다. 잘못된 믿음은 하나님과의 교통이 전혀 없습니다. 잘못된 믿음의 적용은 주변 사람들에게 고통을 안겨줍니다. 올바른 믿음은 하나님을 의지하되 끝까지 의지하는 것입니다. 올바른 믿음은 하나님을 신뢰하되 끝까지 신뢰하는 것입니다.

　　올바른 믿음은 시간이 지날수록 하나님과 더욱 가까워지게 합니다.

　　"네 하나님 여호와를 사랑하고
　　그의 말씀을 청종하며 또 그를 의지하라
　　그는 네 생명이시요 네 장수이시니" (신명기 30:20)

78
주님께 순종하였더니

신앙 생활하면서 말씀 따라 살았더니 더 힘들어졌다는 고백을 종종 듣게 됩니다. 다윗이 사울을 피해 도망 다닐 때 가족들을 안전하게 보호하기 위하여 이스라엘을 떠나 모압에 거주한 적이 있습니다. 모압왕의 배려로 다윗 일행은 안전한 요새에서 편히 머물고 있었는데 갓 선지자가 찾아와 그곳을 떠나라 합니다.

"너는 이 요새에 있지 말고 떠나
유다 땅으로 들어가라" (사무엘상 22:5)

언뜻 보기에는 사울이 다스리는 이스라엘로 들어가는 것을 이해할 수 없지만 거기에는 하나님의 심오한 뜻이 있었습니다. 다윗은 수년간의 도망자 생활 속에서 왕이 되기 위한 모든 수련을 했을 뿐만 아니라 어떤 상황에도 하나님은 그와 함께하시며 지키신다는 것을 깨닫게 됩니다.

다윗의 찬양에 잘 묻어있습니다.

"여호와는 나의 목자시니 내게 부족함이 없으리로다.
내 영혼을 소생시키시고 자기 이름을 위하여
의의 길로 인도하시는도다
내가 사망의 음침한 골짜기로 다닐지라도
해를 두려워하지 않을 것은 주께서 나와 함께 하심이라
주의 지팡이와 막대기가 나를 안위하시나이다" (시편 23:1,3~4)

하나님의 자녀인 우리를 아무 대책 없이 사망의 음침한 골짜기로 보내시지 않습니다. 사람의 눈으로 보기에는 죽음의 길로 보이지만 하나님은 우리를 향한 놀라운 계획을 가지고 계십니다.

독생자까지도 십자가에 내어주실 만큼 우리를 사랑하시는 하나님의 인도하심이라는 분명한 믿음을 가지고 나아가야 합니다. 다윗이 왕이 되기까지의 도피 생활은 그리 짧지 않았습니다. 고난이 길어진다고 포기하지 말아야 할 이유를 여기서 찾을 수 있습니다. 끝까지 견디면 반드시 승리할 것입니다.

왜냐하면 하나님은 우리의 목자이시며
우리의 아버지가 되시기 때문입니다.

"여호와께서 너를 지켜 모든 환난을 면하게 하시며
또 네 영혼을 지키시리로다" (시편 121:7)

79
아비가일의 지혜

상담에 있어 가장 기본적인 행동은 내담자의 말을 잘 들어 주는 것입니다. 여기에서 한 단계 더 나아간다면 내담자의 말에 공감해 주는 것이고 그의 상황을 충분히 이해하며 그 사람 편에서 생각해 보는 것입니다.

화가 잔뜩 나 있는 다윗의 마음을 순한 양으로 변화시킨 여인이 있습니다. 다윗은 사울에게 쫓기는 상황 속에서 많은 가축을 거느리고 있는 나발의 재산을 보호해 주었건만 선대 하기는커녕 모욕하기까지 합니다. 화가 난 다윗은 나발뿐만 아니라 그 집에 속한 모든 남자들을 죽이려 했습니다.

이 일은 다윗의 잘못된 결정이었지만 하나님은 다윗을 사랑하시기에 지혜로운 여인 아비가일을 보내어 자기 백성을 죽였다는 큰 오점을 남기지 않도록 하셨습니다. 아비가일은 다윗을 찾아가 엎드려 공손한 자세로 그의 상태를 공감하며 그가 잘 받아들일 수 있도록 설득합니다.

나발을 죽일 경우, 이스라엘에 오점을 남기게 된다는 것과 비록 지금은 쫓기는 신세이지만 하나님은 반드시 다윗의 왕국을 세울 것임을, 그리고 하나님이 보호하시기 때문에 그 누구도 다윗을 해할 자가 없다고 말합니다.

다윗은 아비가일의 말을 듣고 자신의 어리석은 행동을 돌이켜 돌아갑니다. 아비가일이 다윗에게 전한 말은 살아계신 하나님을 믿는 믿음과 약속을 이루시는 하나님을 믿는 사람만이 할 수 있는 가능한 말이었습니다. 그녀의 겸손하며 자신을 낮춘 태도는 다윗의 마음의 문을 열게 한 것입니다.

아비가일의 지혜를 우리가 가질 수 있다면 우리가 속해있는 공동체는 아름다워 질 것입니다. 아비가일의 지혜를 우리가 얻을 수 있다면 상처받은 더 많은 사람들을 교회로 인도할 수 있을 것입니다.

아비가일의 지혜를 우리가 본받을 수 있다면 초대교회처럼 안 믿는 사람들에게도 인정받는 크리스천이 될 수 있을 것입니다. 아비가일의 모든 지혜는 하나님을 신뢰하는 믿음에서 왔습니다.

"지혜 있는 자는 궁창의 빛과 같이 빛날 것이요
많은 사람을 옳은 데로 돌아오게 한 자는
별과 같이 영원토록 빛나리라." (다니엘 12:3)

80
예수를 깊이 생각하라

AD49년, 수도 로마에서 유대인들이 모두 쫓겨난 일이 있었습니다. 복음이 로마에까지 전해지면서 그리스도를 부인하는 유대인들의 방해로 소란이 일어났고 이를 중재하려던 황제는 모든 유대인들을 로마에서 추방하였습니다. 이 일로 유대인들은 예수를 믿는 이들을 더욱 미워하며 위협을 가하게 됩니다.

예수를 믿는 사람들은 정착해 살던 로마에서 쫓겨나면서 경제적인 어려움을 겪어야 했고 유대인들의 핍박은 더욱 심해져 갔습니다. 이러한 상황은 그들의 믿음을 흔들어 놓았고 배교하는 사람들이 점점 생겨났습니다.

하나님은 믿음이 흔들리고 있는 이들을 위해 예수를 믿어야 할 이유를 말씀해 주시며 "예수를 깊이 생각하라"(히 3:1) 하십니다.

우리도 오랫동안 코로나를 겪으면서 많은 성도들의 믿음이 흔들리는 것을 봤습니다. 우리의 본향인 하나님 나라를 기다리기에는 너무나 멀리 있어 보이기에, 눈에 보이는 현실을 더 중시하며 적당한 타협으로 안주하려 했던 것입니다. 지구 곳곳에 일어난 전쟁으로 경제적 압박은 더 심해지고 전도는 커녕, 믿는다는 것을 드러내기도 쉽지 않은 세상에 이미 와 버렸습니다. 로마에서 쫓겨나고 유대인들에게 핍박받는 성도들에게 도전의 말씀을 주신 하나님은 지금 우리에게도 동일하게 말씀하십니다.

"예수를 깊이 생각하라"

우리가 예수님을 바로 알고 바로 믿을 때, 우리의 믿음은 어떠한 환경이 와도 흔들리지 않을 수 있습니다. 우리가 믿는 예수님은 일반 종교에서 말하는 신들 중의 하나가 아닙니다. 예수님은 유일하게 우리의 죄를 해결하기 위해서 육체의 몸을 입고 이 세상에 오신 분입니다. 세상 그 누구도 우리의 죄를 위해 죽어주신 분이 없습니다. 오직 예수님만이 그 일을 행하신 것입니다.

그 희생으로 우리가 구원의 반열에 섰는데 이 구원을 소홀히 여기고 모이기에 힘쓰기 보다 내 정욕을 채우려 한다면 우리는 지금 위험한 믿음의 위치에 서 있는 것입니다. 우리에게 조금이라도 이런 모습이 보인다면 내가 믿는 예수를 더욱 깊이 생각하며 흔들리는 믿음을 견고히 해야 합니다.

"우리가 간절히 원하는 것은
너희 각 사람이 동일한 부지런함을 나타내어
끝까지 소망의 풍성함에 이르러 게으르지 아니하고
믿음과 오래 참음으로 말미암아
약속들을 기업으로 받는 자들을
본받는 자 되게 하려는 것이니라" (히브리서 6:11~12)

81
예수님 믿으세요

사람들은 소망을 품고 살아갑니다. 어떤 것은 헛된 것도 있지만 값진 것도 있습니다. 그러나 이 땅에서 갖는 소망은 영원하지 않을 뿐만 아니라 죽음이란 관문을 뛰어넘지 못합니다. 죄를 지은 사람들은 이 문제를 피할 길이 없습니다.

사람을 사랑하시는 하나님은 이 문제를 해결하기 위해 죄 없는 예수님을 이 땅에 보내셨고 인간의 모든 죄를 짊어지고 십자가에 죽게 하셨습니다. 내가 예수를 믿는 다는 것은 내 죄를 사하여 주신 것을 믿는 믿음입니다.

예수께서 단번에 드리는 제사로 내 죄를 용서하셨기 때문에 예수를 믿는 우리에게는 죽음도 하나님께 가기 위한 문에 불과합니다. 예수를 믿는 우리에게는 영원한 소망이 있기 때문입니다. 예수를 믿는다는 이유만으로 핍박을 받았던 초대교회 성도들이 믿음을 지킬 수 있었던 이유입니다.

세상이 나를 힘들게 하여도 영원한 소망을 주시고 연약한 나를 위해 간구하시며 안아주시는 하나님이 계십니다.

"우리가 믿는 도리의 소망을
움직이지 말며 굳게 잡고
서로 돌아보아 사랑과 선행을 격려하며" (히브리서 10:23~24)

82
하나님의 뜻은 거룩입니다

초대교회 당시 로마의 도시들은 성적으로 문란했습니다. 사람들은 성적인 자유가 잘못되었다 생각하지 않았고 로마신화는 이를 부추겼습니다.

바울이 복음을 전했던 데살로니가도 다른 도시와 다르지 않았습니다. 바울은 데살로니가 교인들에게 세상 사람들과 구별된 삶을 요구합니다. 음란을 버리고 이방인과 같이 색욕을 따르지 말고 음란한 행위로 인해 형제를 해롭게 하지 말라고 권면합니다.(살전 4:3~6)

하나님의 뜻은 거룩이기 때문입니다.(살전 4:3)

포르노를 보는 것이 보편화 된 세상이지만 기독교인들은 봐서는 안 됩니다. 음란은 몸 안에 짓는 죄입니다. 순결을 촌스럽게 생각하는 세상 속에 하나님은 순결한 사람을 찾으시고 그들을 통하여 어두운 세상에 빛을 비추길 원하십니다.

그리스도인은 예수님의 피 값으로 하나님의 성전이 된 존재이고 거룩한 하나님의 사람들입니다. 하나님이 나를 부르신 이유는 세상의 욕망을 버리고 성령의 열매를 맺게하기 위해서입니다.

이는 그냥 얻어지는 것이 아니고 성령님의 도우심과 함께 부던한 나의 노력이 필요합니다.

"음행을 피하라
사람이 범하는 죄마다 몸 밖에 있거니와
음행하는 자는 자기 몸에 죄를 범하느니라
너희 몸은 너희가 하나님께로부터 받은 바
너희 가운데 계신 성령의 전인 줄을 알지 못하느냐

너희는 너희 자신의 것이 아니라

값으로 산 것이 되었으니

그런즉 너희 몸으로 하나님께 영광을 돌리라" (고린도전서

6:18~20)

83
복음의 비밀

하나님이 천지를 창조하시며 자기의 형상대로 지은 것은 사람이 유일합니다. 그래서 하나님은 다른 피조물보다 사람을 더욱 사랑하셨지만, 사탄의 꾀임에 빠진 인간은 죄를 지음으로 하나님과 원수가 되어버렸습니다. 사람을 사랑하신 하나님은 인간을 구원할 계획을 추진하셨고 예수님을 이 땅에 보내셨습니다.

사탄은 인간의 육체를 입은 예수님을 죽이려고 여러 번 시도했습니다. 헤롯을 통해 죽이려 했지만 실패합니다. 40일 금식을 끝낸 예수님을 시험함으로 죄인을 만들려 하지만 또 실패

합니다. 그러다 예수님의 제자 가롯 유다를 이용하여 예수님을 죽이는 일에 성공하게 됩니다.

십자가에 달리신 예수님을 보면서 사탄은 너무도 좋아 쾌재를 부르려는데 운명하시기 전 예수님은 갑자기 "다 이루었다" 소리치십니다. 승리를 거두었다고 생각하는 사탄으로서는 이해할 수 없는 외침이었습니다.

이것이 복음의 비밀입니다.

죽어야만 승리할 수 있다는 것을 사탄은 알 수 없었습니다. 모세에게 주신 제사법에 의하면 사람의 죄는 죄 없는 사람만이 대속할 수 있었기에 짐승들을 대신한 제사는 완전한 속죄가 아닌 유보였습니다.

세상에는 죄 없는 사람이 아무도 없기에 하나님은 죄 없는 독생자 예수를 이 땅에 보내셨고 예수님은 우리의 죄를 대신 지고 화목제물이 되게 하셨던 것입니다. 예수님은 기꺼이 십자가를 지셨고 인간 구원프로젝트를 완성하셨습니다. 그리고 누구든지 예수를 믿으면 죄에서 해방되게 하셨고 구원을 얻게 하신 것입니다.

이런 복음의 비밀을 알 턱이 없었던 사단은 스스로 자기 무덤을 파게 된 것입니다. 예수님의 희생으로 복음의 비밀이 풀렸고 그를 믿는 사람은 누구나 구원 받을 수 있게 되었습니다.

"예수께서 이르시되
내가 곧 길이요 진리요 생명이니
나로 말미암지 않고는
아버지께로 올 자가 없느니라" (요한복음 14:6)

84
세월을 아껴야 하는 이유

성경은 인생의 짧음을 깨닫지 못하는 사람들에게 이렇게 가
르쳐주고 있습니다.

"너희는 잠깐 보이다가 사라지는 안개니라." (야고보서 4:14)

"그 연수의 자랑은 수고와 슬픔뿐이요,
신속히 지나가고 우리는 날아가나이다." (시편 90:10)

"사람은 풀과 같고
그의 모든 아름다움은 들의 꽃과 같으니" (이사야 40:6)

"그의 생명은 지나가는 그림자 같으니." (시편 144:4)

인생이 이처럼 짧다는 것이죠. 인생을 주관하시는 하나님을 알 때 우리는 세월을 아끼게 됩니다. 성경에서는 세월을 아끼는 것이 '지혜 있는 자'의 모습이라 했습니다. 지혜로운 자는 세월을 아끼지만 어리석은 자는 세월을 낭비합니다. 지혜 있는 자는 주님의 뜻이 무엇인가를 이해하려 하고 그 뜻을 따르려 합니다.(엡 5:17)

반면, 어리석은 자는 인간이 유한한 존재임을 망각한 채, 인생의 길을 자기 생각대로 자기의 계획대로 살아갑니다. 짧은 인생 가운데 육체를 좇는 삶이 얼마나 덧없는지를 깨닫고 세월을 아껴 하나님의 영광을 추구할 때 주님은 인생의 참 행복과 소망을 덧입게 하십니다.

"세월을 아끼라 때가 악하니라
그러므로 어리석은 자가 되지 말고
오직 주의 뜻이 무엇인가 이해하라
술 취하지 말라 이는 방탕한 것이니
오직 성령으로 충만함을 받으라." (에베소서 5:16~18)

85
시선을 주님께

많은 사람들은 인생의 목표를 성공에 두고 달립니다. 때로는 믿음 생활도 잘해서 인정받기를 원합니다. 기도의 내용도 자세히 들여다보면 잘되고 성공하기를 바라는 기도입니다. 물론 기도는 항상 이렇게 마무리 합니다. "하나님께 영광 돌릴 수 있도록"

우리는 성공을 위해 기도하지만 하나님은 성공을 통해 우리가 하나님을 떠날 것을 걱정하십니다. 하나님이 우리에게 원하시는 것은 성공하여 하나님께 나아간다는 포부보다 하나님께 시선을 두기 원하십니다.

내가 성공하면 하나님께 더 나아갈 것 같고 나의 문제가 해결되면 더 가까이 갈 것 같지만 오히려 나를 보고 계시는 하나님을 가리고 있음을 깨닫지 못합니다. 나의 성공이나 문제들과 상관없이 하나님은 우리와 늘 함께 계시며 변함없는 사랑의 눈으로 보고 계십니다.

내 눈을 가리고 있는 성공이나 문제들을 걷어내고 내 눈앞에 계신 주님께 나의 시선을 고정해야 합니다. 내가 눈을 들어 주님을 바라볼 때 주님은 나를 통해 일하시고 나의 하나님 되심을 나타내실 것입니다. 그리고 알게 될 것입니다. 하나님은 늘 나와 동행하시며 내 앞에서 도와주시는 분이라는 것을.

"여호와 그가 네 앞에서 가시며
너와 함께 하사 너를 떠나지 아니하시며
버리지 아니하시리니
너는 두려워하지 말라 놀라지 말라" (신명기 31:8)

PART 5

삶이 메시지가 되도록

말씀으로 삶을 살아내다.

86
하나님 중심으로 살기

하나님은 초자연적인 능력으로 이스라엘 백성들을 애굽에서 건져내셨습니다. 홍해를 건너게 하시고, 만나와 메추라기를 먹이시고, 광야에 물을 나게 하시며 시내산으로 인도하셨습니다. 하나님은 그곳에서 모세를 부르시고 하나님의 백성이 지켜야 할 법을 제정해 주셨습니다. 또한 성막을 짓게 하시고 성막을 중심으로 살게 하셨습니다.

그들 가운데 하나님이 계시는 것과 그들이 하나님 중심으로 살아야 함을 알려주시기 위함이었습니다.

우리는 인생을 광야에 빗대어 설명하는 경우가 많습니다. 뜨거운 햇볕이 이글거리고, 마실 물도 없고, 먹을 양식도 없는 곳이 광야입니다. 광야를 걷는 이스라엘 백성에게 하나님이 함께 계시지 않았다면 광야의 여정은 불가능 했습니다. 이처럼 광야 같은 세상에서 우리 삶의 중심에 하나님을 두지 않고 살아간다면 우리의 삶 속에서 부딪히는 세상을 이길 수 없습니다.

우리의 연약함을 잘 아시고 우리를 도우시는 하나님을 우리 삶의 중심에 둘 때, 우리는 세상을 이길 수 있습니다. 성막을 중심으로 살았던 백성을 불과 구름 기둥으로 지키신 하나님은 삶의 중심에 하나님을 두고 하나님의 자녀로 사는 우리를 앞으로도 지키시며 돌보아 주실 것입니다.

"자녀들아 너희는 하나님께 속하였고
또 그들을 이기었나니
이는 너희 안에 계신 이가
세상에 있는 자보다 크심이라." (요한일서 4:4)

87
성경이 말하는 복

새해가 바뀌면서 가장 많이 사용 한 말은 "새해 복 많이 받으세요"입니다. 복이라는 단어는 성경에도 참 많이 나옵니다. 민수기의 구조를 살펴보면 처음에 이스라엘 백성을 계수하고 성막에서 일 할 레위인을 계수하여 거룩하게 구별된 일들을 알려주십니다.

다음으로 부정한 것들을 정결하게 하는 법과 하나님께 헌신한 나실인에 대한 규례를 말씀하신 후, 정결케 된 이스라엘 백성들을 축복하라고 제사장들에게 명령하십니다.

"여호와는 네게 복을 주시고 너를 지키시기를 원하며

여호와는 그의 얼굴을 네게 비추사 은혜 베푸시기를 원하며

여호와는 그 얼굴을 네게로 향하여 드사

평강 주시기를 원하노라." (민수기 6:24~26)

사람들을 지으실 때에도 복을 주셨던 하나님(창 5:2) 이십니다. 하나님을 가까이 함이 우리에게 최고의 '복'입니다. 하나님 앞에 복을 받기 위해 우리에게는 선행될 것이 있습니다. 우리는 세상과 구별된 자임을 인지하는 것과 부정한 것을 멀리하는 것, 그리고 정결한 삶을 살기 위해 힘써야 하는 것입니다.

우리의 연약함을 도우시는 성령님을 의지하며 정결케 되기 위하여 분투한다면 하나님은 우리에게 복을 주시고 은혜와 평강을 내려 주실 것입니다.

"하나님께 가까이 함이 내게 복이라

내가 주 여호와를 나의 피난처로 삼아

주의 모든 행적을 전파하리이다." (시편 73:28)

88
흘려보내야 할 사랑

인간은 자신의 관점에서 사랑할 만한 사람만을 사랑합니다. 하지만 하나님께서는 사랑할 수 없는 자까지도 사랑하십니다. 원래 우리는 죄로 인해 하나님의 사랑을 받을만한 가치가 전혀 없는 자들이었습니다. 그러나 하나님은 원수까지도 사랑해야 한다(마 5:44) 말씀하시면서 원수된 우리를 먼저 사랑하셨습니다. 조건없는 사랑을 받은 우리는 그 사랑을 실천하기 위해 힘써야 합니다.

원수까지도 사랑한다는 것은 결코 쉬운 일이 아닙니다. 사랑을 실천하기 위해서는 엄청난 노력이 필요합니다. 자신의 감정을 말씀 앞에 복종시키고 사랑을 실천하신 믿음의 선배들처럼 부단한 노력이 있을 때 우리는 자그마한 사랑이라도 흘려보낼 수 있습니다.

우리가 사랑을 실천할 때 세상에 하나님이 드러나십니다. 사랑을 실천하지 않는다면 우리는 믿지 않는 자와 차이를 갖지 못하는 것입니다.

"그 형제를 사랑하지 아니하는 자는
하나님께 속하지 아니하니라" (요한일서 3:10)

사랑의 근원되신 하나님을 내가 알고 그분을 믿는 자라면 나를 통해 그 사랑이 보여져야 합니다.

"사랑하는 자들아 우리가 서로 사랑하자
사랑은 하나님께 속한 것이니
사랑하는 자마다 하나님으로부터 나서
하나님을 알고 사랑하지 아니하는 자는
하나님을 알지 못하나니
이는 하나님은 사랑이심이라" (요한일서 4:7~8)

89
아는 것과 믿는 것의 차이

예수님의 생애를 기록한 사복음서를 읽다 보면 예수님을 알지만 믿지 않는 사람들을 보게 됩니다. 종교지도자들은 예수님을 시험하려다 능력 있는 답변을 듣고 놀랐지만 영접지 않고 떠나갔습니다.(마 22:22)

거라사 지방에서 무덤가를 서성이며 사람들을 두렵게 만든 귀신 들린 자를 예수님이 고쳐주셨지만 사람들은 경제적인 피해를 이유로 예수님을 영접하지 않았습니다.(눅 8:26-39)

이처럼 아는 것과 믿는 것에는 큰 차이가 있습니다.

예수님은 우리의 죄를 위해 십자가를 지셨고 3일 만에 부활하셔서 우리에게 구원을 주셨다는 것을 아는 것으로 끝나면 아무 소용이 없습니다. 아는 것을 믿어야만 구원에 이르는 것입니다. 하나님을 아는 것은 귀신들도 압니다.

"네가 하나님은 한 분이신 줄을 믿느냐
잘하는도다 귀신들도 믿고 떠느니라" (야고보서 2:19)

사탄에게 하나님은 신뢰의 대상이 아니라 두려움의 대상일 뿐입니다. 우리가 하나님을 안다고 구원받는 것이 아니라 아는 것을 믿을 때, 우리가 마음으로 믿어 입으로 시인할 때 구원을 얻는 것입니다. 지금도 수많은 사람들이 예수님의 위대함을 알지만 믿지 않고 떠나가고 있습니다.

믿는 다는 것은 신뢰를 말합니다. 어떤 상황에서도 하나님을 향한 흔들리지 않는 믿음을 갖는다면 하나님은 끝까지 우리를 돌보시고 우리와 함께 하실 것입니다.

"만일 하나님이 우리를 위하시면 누가 우리를 대적하리요
자기 아들을 아끼지 아니하시고

우리 모든 사람을 위하여 내주신 이가

어찌 그 아들과 함께 모든 것을 우리에게

주시지 아니하겠느냐" (로마서 8:32)

90
현실의 장벽 앞에서

출애굽 이후 2년여의 시간을 광야에서 보낸 이스라엘 백성들은 하나님의 명령대로 약속의 땅을 정탐하고 돌아왔습니다. 약속의 땅은 하나님의 말씀대로 비옥한 지역이었습니다. 하지만 그곳에 사는 사람들은 기골이 장대한 거인들이었고 성읍은 견고했습니다. 제대로 된 무기도 없는 이스라엘에 비해 이들은 철 병거를 가지고 있었습니다.

실망한 10명의 정탐꾼들은 하나님의 약속은 까마득히 잊어버리고 현실의 장벽에 비탄해 하며 그들에 비하면 자신들은 메뚜기 같다고(민 13:33) 보고했습니다. 그러나 정탐꾼 중 여호수아와 갈렙은 현실의 장벽보다 하나님의 약속을 더 신뢰하여 "저들은 우리의 밥"이라(민 14:9) 보고했습니다.

현실의 벽을 넘지 못한 정탐꾼들은 약속의 땅에 들어가지 못했지만, 현실의 장벽보다 더 위대한 하나님의 능력을 믿었던 여호수아와 갈렙은 출애굽 1세대 중 유일하게 약속의 땅을 밟을 수 있었습니다.

내 앞을 가로막고 있는 현실 속에 엄습해 오는 좌절이나 두려움은 사탄이 주는 것입니다. 독생자를 희생시키시면서까지 우리를 사랑하시는 하나님은 우리에게 세상을 이길 힘과 담대함을 주시는 분이십니다.

"이것을 너희에게 이르는 것은
너희로 내 안에서 평안을 누리게 하려 함이라
세상에서는 너희가 환난을 당하나
담대하라 내가 세상을 이기었노라" (요한복음 16:33)

이해할 수 없는 일이 나를 가로막고 상상할 수 없는 일이 나를 괴롭히더라도 나를 사랑하시는 하나님을 믿는다면 현실의 장벽이 아무것도 아님을 고백할 수 있을 것입니다.

"내가 사망의 음침한 골짜기로 다닐지라도

해를 두려워하지 않을 것은

주께서 나와 함께 하심이라

주의 지팡이와 막대기가 나를 안위하시나이다." (시편 23:4)

91
체휼*하시는 하나님

모세가 가나안에 들어가지 못한 결정적 사건이 민수기에 등장합니다. 38년간의 광야생활을 끝낼 즈음에 이스라엘 백성들이 물이 없어 불평불만을 하였을 때 화가 난 모세는 마치 자신의 능력으로 물을 내는 것처럼 소리쳤습니다.

"반역한 너희여 들으라
우리가 너희를 위하여 이 반석에서 물을 내랴" (민수기 20:10)

---

* 체휼: 처지를 이해하여 불쌍히 여김

이 일로 모세는 약속의 땅 가나안에 들어갈 수 없게 됩니다. 여기까지만 보면 하나님은 모세에게 너무 야박한 것 같습니다. 40여 년간 이스라엘 백성을 이끈 모세의 공로가 한번의 불순종으로 물거품이 되어 보입니다. 그러나 그 이면에는 모세를 지극히 사랑하시는 하나님의 배려가 들어있었습니다.

욱하는 마음에 나타난 인간 모세의 교만은 출애굽과 광야생활을 이끌고 가나안 입성을 완성했을 때 더 크게 나타날 수 있었기 때문입니다. 하나님은 모세를 사랑하셔서 그가 교만의 자리에 가지 않도록 출애굽의 모든 여정을 그에게 맡기셨지만 가나안에는 들어가지 못하게 하신 것입니다.

모세의 연약함을 체휼하신 하나님은 백성들이 가나안에 들어가는 것을 한 눈에 볼 수 있는 느보산에 올라가 마지막을 맞이하도록 배려하셨습니다.

하나님은 사람의 연약함을 체휼하시는 분이십니다. 모세가 교만을 이기지 못하는 모습을 보시고 그가 후대에 존귀한 자로 남도록 보호하신 하나님의 큰 그림이었습니다. 광야생활에 물이 없다 불평하는 백성들이 연약한 존재라는 것을 아시고 징계

없이 백성들에게 물을 주셨습니다.

하나님은 우리를 지키시고 돌보시며 우리를 체휼하시는 분이십니다. 우리가 연약하다는 것을 아시기에 보혜사 성령께서 지금, 이 순간에도 우리와 함께 하십니다.

"우리에게 있는 대제사장은
우리의 연약함을 동정하지 못하실 이가 아니요" (히브리서 4:15)

92
남은 자를 통하여 일하시는 하나님

남유다가 바벨론에 의해 멸망했을 때 수많은 사람들이 죽임을 당하거나 포로로 끌려갔습니다. 남겨진 사람은 쓸모없다 여겨지는 사람들 뿐이었습니다. 모두가 이스라엘이 끝났다고 생각했지만 '하나님은 남겨진 자'를 통하여 구원의 프로젝트를 이어가셨습니다.

"밤나무와 상수리나무가 베임을 당하여도
그 그루터기는 남아 있는 것 같이
거룩한 씨가 이 땅의 그루터기니라" (이사야 6:13)

남은 자는 사람들 보기에는 하찮고 연약한 존재들이었습니다. 그러나 전능하신 하나님이 그들과 함께 하시니 그들이 놀라운 일을 이루게 된 것입니다. 세상에서 나를 바라보는 눈이 남은 자처럼 보일지라도, 하나님 앞에 내 삶을 두고 세상과 타협하지 않기 위해 노력하고, 불의와 손잡지 않기 위해 노력한다면, 하나님은 그 사람을 통해 상상 그 이상의 일들을 이루실 것입니다.

죄악이 가득한 세상을 심판 하셨을 때에도 하나님은 의인 노아를 남겨두시고 그를 통하여 일을 완성하셨습니다. 노아는 홀로 120년을 불의와 싸웠습니다. 때론 남은 자가 없어 보이고 외로운 싸움 같아 보여도 하나님은 중보의 동역자를 내 주위에 숨겨두고 계심을 믿어야 합니다.

이세벨의 협박에 전의를 상실한 채 자신만 남았다고 하소연하는 엘리야에게, 바알에게 무릎 꿇지 않은 의인 7,000명이 남아있음을 하나님은 알려주셨습니다. 주님의 재림이 다가올수록 세상은 더욱 악해 갑니다. 이런 시기에 하나님이 우리에게 원하시는 것은 능력 있는 사람이 아닙니다. 나의 연약함을 깨닫고 전능하신 하나님을 온전히 의지하는 사람입니다.

죄와 타협하거나 손잡지 않고 끝까지 신앙을 지키려 노력할 때 하나님은 그 남은 자들을 통해 일하시며 역사를 이루어 가십니다.

"그런즉 이와 같이 지금도 은혜로 택하심을 따라 남은 자가 있느니라." (로마서 11:5)

93
거룩을 바라시는 하나님

하나님은 이스라엘 백성들에게 약속의 땅, 가나안에 들어가면 반드시 원주민을 몰아내라 하셨습니다. 언뜻 이스라엘만 편애하시며 공의롭지 못하신 것 같습니다. 하지만 하나님의 속성을 안다면 충분히 납득 할 수 있습니다. 하나님은 거룩하신 분입니다. 이스라엘을 선민 삼으시고 그들에게 거룩을 요구하셨습니다.

"너는 이스라엘 자손의 온 회중에게
말하여 이르라 너희는 거룩하라
이는 나 여호와 너희 하나님이 거룩함이니라" (레위기 19:2)

하나님은 아무 이유 없이 이스라엘을 위하여 가나안을 진멸하신 것이 아닙니다. 그들의 죄가 가득하였기에 심판할 수 밖에 없었던 것이고 그 도구가 이스라엘 나라였습니다. 죄로 얼룩진 원주민을 완전히 몰아내지 않는다면, 이스라엘 백성은 미디안에서 행한 치욕스러운 죄를 저지르게 될 것이고 약속의 땅은 다시 더러워질 것이기에 이스라엘을 보호하시려는 조치였습니다.

우리가 사는 이 세상은 점점 죄에 대하여 관대해져 가지만 하나님은 변함없이 거룩하신 분입니다. 로마가 타락의 끝을 달리고 있을 때 그리스도인들은 세상에 영합하지 않고 정결한 삶을 유지했습니다. 변함없이 거룩하신 하나님은 예수를 믿는 우리에게 변함없이 거룩하기를 요구하십니다.

세상 속에서 거룩을 나타내고 이웃에 대하여 거룩하고 나 자신에 대하여 거룩한 하나님의 백성이 되기를 원하십니다. 약속의 땅에 들어가는 백성에게 바라는 하나님의 뜻이 거룩 이듯 구원받은 천국 백성에게 바라는 하나님의 뜻은 죄에 때 묻지 않는 거룩입니다.

"누구든지 하나님의 성전을 더럽히면

하나님이 그 사람을 멸하시리라

하나님의 성전은 거룩하니 너희도 그러하니라" (고린도전서

3:17)

94
성경이 우리 삶에 기준이어야 하는 이유

성경의 저자는 하나님이십니다. 하나님은 천지를 창조하여 다스리시는 분이며 영원히 변하지 않으시면서 사람을 사랑하시는 분이십니다. 하나님은 자신을 사람들에게 알려주시고 구원의 길을 가르쳐 주시기 위해 우리에게 말씀을 주셨습니다.

하나님이 주신 성경은 세상이 아무리 변하고 세대가 바뀌어도 변하지 않을 뿐 아니라 무궁한 지혜와 세상의 이치가 다 담겨 있습니다. 까무러칠 정도로 힘든 일과 중병을 앓을 정도로 힘겨운 일이 있을 때에도 하나님의 말씀인 성경을 읽게 되면 일어나고 회복됩니다. 마음이 슬플 때 기쁨을 누리게 하며 앞이 깜깜하여 고통스러울 때 눈이 밝아지게 합니다.

"여호와의 율법은 완전하여 영혼을 소성시키며…
여호와의 계명은 순결하여 눈을 밝게 하시도다" (시편 19:7~8)

하나님의 말씀인 성경은 우리를 공격하는 사단을 무찌르는 무기로도 사용되고 있습니다. 하나님의 전신 갑주 중에 유일하게 공격할 수 있는 무기가 성령의 검, 곧 하나님의 말씀입니다. 우리가 하나님의 말씀인 성경을 삶의 기준으로 삼고 살아간다면 사단이 함부로 우리에게 덤비지 못할 것입니다. 인생을 살아가면서 삶의 기준점을 두기에 이보다 더 좋은 것은 없습니다.

"주의 말씀은 내 발에 등이요 내 길에 빛이니이다." (시편 119:105)

95
경쟁이 아닌 경주

프리미어 리그에서 시즌 첫 해트트릭을 달성한 손흥민 선수는 훌륭한 동료들이 있었기에 가능했다고 모든 공을 팀원들에게 돌리는 인터뷰를 했습니다. 경쟁이 가장 치열한 리그에서 경쟁이 아닌 경주를 하는 보기 드문 선수입니다.

성경의 인물 중에 경쟁심이 강하여 질투의 화신으로 불리는 인물이 사울 왕입니다. 그는 사람들이 자신보다 다윗을 더 좋아하는 것을 느끼고 다윗을 질투하며 기회만 되면 다윗을 죽이려 했습니다. 그러나 다윗은 경쟁하지 않았습니다. 사울에게 쫓겨 도망 다닐 때 사울을 2번이나 죽일 기회가 있었지만 해치지 않았습니다.

만약 다윗이 경쟁심을 가지고 있었다면 사울을 제거할 수 있도록 하나님이 주신 기회라고 생각했을 것입니다. 베드로는 예수님이 잡히셨을 때 제자들 사이에서 예수님을 경쟁적으로 지키기 위해 칼을 휘둘러 말고의 귀를 잘랐지만, 예수님은 인류를 구원하시기 위해 더 힘든 십자가를 지시려 겟세마네 동산에서 자신과의 처절한 싸움을 하셨습니다.

"내 아버지여 만일 할 만하시거든
이 잔을 내게서 지나가게 하옵소서
그러나 나의 원대로 마시옵고 아버지의 원대로 하옵소서."
(마태복음 26:39)

경쟁은 나를 드러내는 싸움이지만, 경주는 나를 낮추고 하나님의 영광을 드러내는 싸움입니다. 우리는 썩어질 육신의 만족을 위해 경쟁으로 젊은 시절을 낭비하기보다 영원한 부름의 상을 위하여 예수를 푯대로 삼아 경주해야 합니다.

"형제들아!

나는 아직 내가 잡은 줄로 여기지 아니하고

오직 한 일 즉 뒤에 있는 것은 잊어버리고

앞에 있는 것을 잡으려고

푯대를 향하여 그리스도 예수 안에서

하나님이 위에서 부르신 부름의 상을 위하여 달려가노라."

(빌립보서 3:13~14)

96
너희를 안으사

성경을 읽다 보면 깊은 감동이 몰려와 하나님을 찬양할 때가 있는데 신명기 1장에서 경험해 봅니다.

"내가 너희에게 말하기를

그들을 무서워하지 말라 두려워하지 말라

너희보다 먼저 가시는 너희의 하나님 여호와께서

애굽에서 너희를 위하여 너희 목전에서

모든 일을 행하신 것 같이

이제도 너희를 위하여 싸우실 것이며

광야에서도 너희가 경험하였거니와

사람이 자기의 아들을 안는 것 같이

너희의 하나님 여호와께서

너희가 걸어온 길에서 너희를 안으사

이곳까지 이르게 하셨느니라."

"그는 너희보다 먼저 그 길을 가시며

장막 칠 곳을 찾으시고

밤에는 불로, 낮에는 구름으로

너희가 갈 길을 지시하신 자이시니라" (신명기 1:29-31,33)

이스라엘 백성들이 걸었던 광야는 평범한 사람이 살 수 없는 곳입니다. 그런 곳에서 남녀노소 할 것 없이 40년간을 살았다는 것은 하나님의 도움 없이 불가능한 일입니다.

게다가 광야생활이 끝난 후에는 정복 전쟁을 치러야 하니 이스라엘 백성들의 마음이 두려움에 휩싸였을 것입니다. 현실의 벽 앞에 두려워하고 있는 백성들에게 모세는 광야 40년간 함께하신 하나님을 백성들이 깨닫도록 권면합니다.

우리의 인생은 광야와 같습니다. 광야 40년 동안 낮에는 구름기둥으로 밤에는 불기둥으로 이스라엘을 보호하신 것처럼하나님은 하나님의 사람들을 보호하십니다. 지금까지 지내 온 것은 내 수고 때문이 아닙니다. 내가 걸어갈 길을 예수님이 먼저 가셨고, 내가 있어야 할 곳을 예수님이 먼저 찾아보셨습니다. 내가 주저앉아 있을 때에 나를 안으시고 이곳까지 오게 하신 것입니다.

모래 위의 발자국처럼 인생이 힘들고 괴로울 때 하나님은 날 안으시고 보호하시며 인생길을 함께 걷고 계심을 기억합시다.

"너희의 하나님 여호와께서
너희가 걸어온 길에서 너희를 안으사
이곳까지 이르게 하셨느니라." (신명기 1:31)

97
쉐마! 이스라엘

이스라엘 사람들에게 가장 중요하게 여겨지는 성경 구절이
있습니다.

"이스라엘아 들으라
우리 하나님 여호와는 오직 유일한 여호와이시니
너는 마음을 다하고 뜻을 다하고 힘을 다하여
네 하나님 여호와를 사랑하라." (신명기 6:4~5)

유대인들은 하루에 두 번씩 이 구절을 외우게 했으며 아이
가 태어나 말을 시작할 때에도 쉐마를 가르치도록 했습니다.

임종 전에도 자신의 신앙고백으로 쉐마를 암송한답니다.

우리나라 아리랑처럼 불러지는 이스라엘 전통 노래도 "쉐마 이스라엘"입니다. 이스라엘을 백성 삼으신 하나님은 사람들이 만들어낸 잡신이 아니고 온 우주를 창조하시며 다스리시는 유일무이한 하나님이시라는 고백입니다. 예수께서 십자가의 사랑으로 우리를 하나님의 자녀 삼아 주시고 우리에게도 동일한 요구를 하십니다.

"예수께서 이르시되 네 마음을 다하고
목숨을 다하고 뜻을 다하여 주 너의 하나님을 사랑하라."
(마태복음 22:37)

우리가 하나님을 사랑한다는 것은 주신 말씀을 마음과 뜻을 다하여 지켜내는 것입니다. 말씀의 부재는 백성을 망하게 하지만 말씀이 있는 백성은 하나님이 지키십니다. 하나님의 자녀가 된 우리도 매일 하나님의 말씀을 묵상하며 사랑을 고백하기 원합니다.

쉐마 이스라엘 (이스라엘아 들으라.)

아도나이 엘로헤누 (여호와는 우리의 하나님이시다.)

아도나이 에하드 (여호와는 한 분이시다.)

98
생사화복

사는 것과 죽는 것, 복을 받는 것과 화를 받는 것을 생사화복이라 하는데 표준국어대사전에 이런 설명이 있습니다.

"생사화복은 모두 하늘의 뜻에 달려있다."

자라면서 무수히 많이 들었던 말이고 당연하다 생각했는데 성경을 읽다보니 생사화복은 하늘의 뜻이 아닌 우리 손에 달려있다는 걸 알았습니다.

"보라 내가 오늘 생명과 복과 사망과 화를

네 앞에 두었나니" (신명기 30:15)

　이는 내가 어떻게 사느냐에 따라 생사화복이 내게 임한다는 말씀입니다. 어떻게 사느냐의 기준은 마음을 다하여 하나님을 사랑하고 그분의 말씀을 지키는 것에 있습니다. 우리의 마음을 다하는 것은 주님이 우리의 중심을 보시기 때문이며, 우리가 하나님을 사랑하는 것은 독생자를 십자가에 죽게 하시기까지 우리를 먼저 사랑하셨기 때문입니다.

　주님의 말씀을 지켜야 할 이유는 전능하신 나의 주인 되시기 때문입니다. 주인 되신 하나님을 마음 다하여 사랑하고 그분의 말씀을 지키는 것은 당연한 일이지만 하나님은 그런 이들에게 엄청난 약속을 하십니다. 하나님이 나보다 앞서가시며 우리와 늘 함께 하신다 약속 하시며, 우리를 떠나지 아니하시고 버리지도 아니하십니다. 그러니 무슨 일이 있더라도 두려워하거나 놀라지 말라 하십니다.(신 31:8)

　주님은 우리에게 지키기 어려운 것을 요구하시는 분이 아닙니다. 주님이 나의 주인 되신다는 것과 나를 구원하신 아빠라는 것만 고백하면 됩니다. 그리할 때 약속하신 말씀처럼 사는 것과 복이 내게 임하고 죽는 것과 화가 내게 멀어질 것입니다.

"내가 생명과 사망과 복과 저주를 네 앞에 두었은즉

너와 네 자손이 살기 위하여 생명을 택하고

네 하나님 여호와를 사랑하고

그의 말씀을 청종하며 또 그를 의지하라." (신명기 30:19~20)

마음과 뜻을 다하여 하나님께 나아갑시다. 하나님은 우리를 기뻐하시고 생명과 복을 주시기 원하십니다.

99
죽음에 대한 믿는자의 태도

죽음이라는 단어를 듣게 되었을 때 사람들은 멈칫합니다. 죽음이라는 단어가 대부분 공포 또는 두려움을 주기 때문입니다. 그렇다면 성경은 죽음을 어떻게 이야기할까요?

하나님은 모든 사람에게 사명을 주시고 이 땅에 보내셨기에 부르시는 그날까지 최선을 다해 그분의 자녀로 살아가야 합니다. 사람을 흙으로 빚어 지으실 때 그 코에 생기를 불어 넣어 사람이 생령이 되게 하신 것처럼, 언젠가는 그 호흡을 거둬들이심으로 하나님께 돌아가는 날이 옵니다. 이것을 우리는 죽음이라 하고 "돌아가셨다"라고 말합니다.

내가 지은 죄를 가지고 그 날을 맞이하는 것은 공포와 두려움일 수 있습니다. 하지만 예수님을 믿어 십자가의 보혈로 죄사함을 받았다면, 그것이 하나님께로 돌아갈 수 있는 유일한 문임을 알고 열 것입니다.

죽음은 필연이겠지만 죽음 뒤에 심판이 아닌 생명의 주님이 나를 기다리고 계심을 알기에 기대감을 가지고 다음을 향하여 나아갈 수 있는 것입니다.

"내가 진실로 진실로 너희에게 이르노니
내 말을 듣고 또 나 보내신 이를 믿는 자는
영생을 얻었고 심판에 이르지 아니하나니
사망에서 생명으로 옮겼느니라." (요한복음 5:24)

사망에서 생명으로 옮기신 하나님과의 만남을 기대하셔도 됩니다. 더 이상 슬픔과 눈물이 없는 다시는 사망이나 애통함이 없는 아름다운 천국에서 영원히 살게 될 것이기 때문입니다. 우리는 하나님의 말씀을 믿기 때문에 죽음이 더이상 우리를 두려움의 수렁에 빠뜨릴 수 없습니다.

"모든 눈물을 그 눈에서 닦아 주시니

다시는 사망이 없고

애통하는 것이나 곡하는 것이나

아픈 것이 다시 있지 아니하리니

처음 것들이 다 지나갔음이러라." (요한계시록 21:4)

100
복음이 우리에게 오기까지

복음은 좋은 소식입니다. 그러나 복음이 우리에게 오기까지 수많은 이들의 피와 땀과 눈물이 녹아져 있습니다. 이 복음을 우리는 쉽게 받아 구원얻은 백성이 되었습니다. 그런데 창조주 하나님은 이 복음을 인간에게 주시기 위해 독생자를 십자가에 내어주셔야만 했고 하나님의 아들인 예수님은 비참한 죽음의 길인 줄 알면서도 가셔야만 했습니다.

스데반은 이 복음을 전하다가 군중들이 던진 돌에 맞아 죽기도 했고, 제자들은 모두 순교 당했습니다. 초대교회 성도들도 이 복음을 지키기 위해 수 없는 고통의 시간을 견뎌야 했습니다.

한국에 복음을 전하겠다는 일념으로 한국에 찾아온 토마스 선교사는 대동강 강변에서 죽음을 맞이했지만 그가 건네준 성경은 '복음의 씨앗'이 되었습니다. 24살의 어린 나이로 한국에 들어와 복음을 전하다 과로로 사망한 켄드릭Kendrick선교사의 비석에는 한국을 향한 사랑이 쓰여져 있습니다.

"내게 천 개의 생명이 주어진다면
그 전부를 한국을 위해 바치리라"

우리가 복음을 받기까지 수많은 믿음의 선배들과 선교사들의 헌신과 희생이 있었습니다. 보석보다 값진 복음이 내게 주어진 것에 감사해야 합니다. 우리도 복음을 전하려 하면 수고와 인내를 감내해야 할 수도 있습니다. 사탄이 무지 싫어하는 일이니까요. 복음을 전하는 것에는 고통이 있지만 천하보다 귀한 생명을 살리는 일입니다.

"내가 복음을 부끄러워하지 아니하노니
이 복음은 모든 믿는 자에게
구원을 주시는 하나님의 능력이 됨이라." (로마서 1:16)

101
진실되고 정직한 삶을 위한 기도

예레미야 선지자는 유다 왕국이 망해가는 시기에 활동했던 선지자입니다. 바벨론에게 조공을 바치던 유다 왕과 고관들은 애굽이 바벨론을 이길 수 있다는 희망의 끈을 붙잡고 바벨론에게서 등을 돌리는 중이었습니다. 하지만 하나님의 뜻은 바벨론에 의한 유다의 심판이었습니다.

하나님의 말씀을 대언하는 예레미야는 왕과 고관들에게 밉보일 것은 뻔한 일이었으나 하나님의 명령에 순종하여 외칩니다. 이로 인해 온갖 수모를 다 겪지만 가만히 있자니 마음에 불이 일어나 견딜 수가 없었습니다. 다시 진실된 말을 외치려 예루살렘 성으로 나아갑니다.

하지만 그에게 돌아오는 것은 거짓 선지자들에게 모욕을 당하고, 고관들에게 두들겨 맞고, 햇빛 한 줌 없는 구덩이에 갇히거나 물 없는 진흙탕에 던져지는 일입니다. 진실을 외치는데 사람들은 매국노라 합니다. 정직을 말하는데 듣기를 거부합니다. 그럼에도 불구하고, 한치 앞을 내다보지 못하는 사람들에게 전지하신 하나님은 한 사람이라도 더 구원하시려 선지자에게 외치라 하십니다.

귀를 막고 눈을 가리는 이들에게 하나님의 말씀을 정직하게 전달하려는 예레미야 선지자의 삶을 보며 나 자신을 돌아봅니다. 거짓이 평범한 세상 속에서 진실을 타협 없이 말하고 있는가? 죽음이나 손해를 두려워하지 않고 정직한 삶을 살아가고 있는가?

유다가 멸망할 당시에 거짓 선지자는 많이 있었어도 진실하고 정직한 선지자는 많지 않았습니다. 사람들의 가려운 곳을 긁어주는 외침은 많았지만 사람들의 곪은 곳을 도려내는 쓴소리는 많지 않았습니다. 모욕과 손해를 두려워하지 않고 진실한

말과 정직한 삶을 추구하며 눈물로 외치던 예레미야 선지자가
예수의 복음을 가진 우리이기를 바라봅니다.

"여호와께서 이르시되 이스라엘아 네가 돌아오려거든

내게로 돌아오라 네가 만일 나의 목전에서

가증한 것을 버리고 네가 흔들리지 아니하며

진실과 정의와 공의로 여호와의 삶을 두고 맹세하면

나라들이 나로 말미암아 스스로 복을 빌며

나로 말미암아 자랑하리라" (예레미야 4:1-2)

102
어려움 너머에 계신 하나님

하나님은 이스라엘 백성들에게 약속의 땅을 허락하시고 말씀하셨습니다. "강하고 담대하라 두려워말라 내가 너희와 함께하겠다" 약속의 말씀을 주셨습니다. 하지만 그들 앞에는 인간의 능력으로 넘을 수 없는 홍해가 있었고, 광야가 있었고, 기골이 장대한 족속이 철 병거를 가지고 있었습니다.

이런 가운데 하나님께서 이스라엘 백성들에게 요구하는 한 가지는 "순종"이었습니다. 모세는 순종함으로 홍해를 건넜고 40년간의 광야생활을 견뎠습니다. 여호수아는 순종함으로 요단강을 건넜고 기골이 장대한 족속들을 물리치고 약속의 땅을 차지할 수 있었습니다. 약속을 받고 순종했다고 어려움이 사라지지 않았습니다.

하지만 약속을 주신 하나님을 믿었고 어려움 너머에 계신 하나님을 바라보는 믿음이 이들에겐 있었습니다. 마찬가지로 예수님을 믿어 구원받은 우리에게 하나님은 천국을 허락하셨지만 산재해 있는 어려움들이 사라지지 않습니다. 믿음을 가지고 말씀에 순종하며 살아보려 하지만 녹록지가 않습니다.

세상 속에서 걸어가다 보면 감당할 수 없는 현실의 벽과 내 가치관을 흔드는 일들, 그리고 하나님의 존재마저 의심케 만드는 지식들이 말씀을 적용할 수 없게 만듭니다. 하지만 약속을 주신 하나님을 신뢰하고 그분의 말씀에 순종한다면, 어려움 속에 나를 업고 가시는 주님을 발견할 수 있을 것입니다.

연약한 나를 도우시는 성령님과 모든 일에 넉넉히 이기게 하시는 주님을 경험합니다.

"이 율법책을 네 입에서 떠나지 말게 하며
주야로 그것을 묵상하여

그 안에 기록된 대로 다 지켜 행하라

그리하면 네 길이 평탄하게 될 것이며

네가 형통하리라.

네가 어디로 가든지 네 하나님 여호와가

너와 함께 하느니라" (여호수아 1:8-9)

103
선한 것을 보고 생각하고 행동하는 삶

죄의 출발은 보는 것에서부터 시작됩니다. 죄가 세상에 처음 들어올 때에도 탐스러운 선악과를 보고 하나님의 말씀을 까마득히 잊어버려 마귀의 유혹에 넘어가 죄를 짓게 된 것입니다. 여리고 성을 점령할 때에도 아간이라는 사람이 탐스러운 물건을 보았을 때 그것을 탐하여 아무것도 취하지 말라는 하나님의 명령을 까마득히 잊어버리고 그 물건들을 취해 죄를 짓게된 것입니다.

사람은 보는 것을 생각하게 되고 생각한 것을 입술로 옮기거나 행동으로 옮기게 되어 있습니다. 그래서 선한 것을 봐야 합니다. 선한 것을 생각해야 합니다. 선한 행동을 해야 합니다.

부모가 자녀를 교육할 때 아무리 옳은 말로 가르치려 하더라도 결국은 부모의 뒷모습을 보고 배웁니다. 예수님은 삶의 모범을 보이셨고 제자들이 보고 배우도록 하셨습니다. 하나님의 말씀을 통하여 세상을 볼 때 분별력 있는 믿음 생활을 할 수 있습니다.

말씀을 통하지 않고 세상을 보게 되면 인간의 본능을 자극하여 죄의 길을 걷게 하는 것들이 너무 많습니다. 하나님의 형상을 닮은 우리들은 선한 것을 볼 때 마음에 기쁨이 오지만 악한 것을 보면 마음이 심히 괴롭습니다. 우리의 눈을 선한 곳으로 돌려야 하는 이유가 여기에 있습니다.

오늘 선한 것을 보려고 노력하십시오. 하나님을 가까이 하십시오.

"내 눈을 돌이켜 허탄한 것을 보지 말게 하시고
주의 길에서 나를 살아나게 하소서" (시편 119:37)

"믿음의 주요 또 온전하게 하시는 이인
예수를 바라보자
그는 그 앞에 있는 기쁨을 위하여
십자가를 참으사 부끄러움을 개의치 아니하시더니
하나님 보좌 우편에 앉으셨느니라" (히브리서 12:2)

말씀이 삶으로

발행일	초판1쇄 발행 2025년 8월 20일
지은이	이동수
펴낸이	김나단
펴낸곳	햇살콩
출판등록	25.6.25(제2025-50호)
주소	제주시 대통길 10 B동 201호
이메일	tkdenddl1615@naver.com
인스타그램	sunny_bean
ISBN	979-11-993446-1-7